A HISTÓRIA DO
UNIVERSO

Anne Rooney

A HISTÓRIA DO
UNIVERSO

*m.*Books

M.Books do Brasil Editora Ltda.

Rua Jorge Americano, 61 - Alto da Lapa
05083-130 - São Paulo - SP - Telefones: (11) 3645-0409/(11) 3645-0410
Fax: (11) 3832-0335 - e-mail: vendas@mbooks.com.br
www.mbooks.com.br

Dados de Catalogação na Publicação

ROONEY, Anne.
A História do Universo / Anne Rooney.

2021 – São Paulo – M.Books do Brasil Editora Ltda.
1. Astronomia   2. História do Universo   2. Cosmologia

ISBN: 978-85-7680-347-8

Do original em inglês: The Story of the Universe
Publicado originalmente por Arcturus Publishing Limited

©2019 Arcturus Holding Limited.
©2021 M.Books do Brasil Editora Ltda.

Editor: Milton Mira de Assumpção Filho

Tradução: Maria Beatriz Medina
Produção editorial: Lucimara Leal
Revisão de texto: Heloisa Spaulonsi Dionysia
Diagramação: 3Pontos Apoio Editorial Ltda.
Capa: Isadora Mira

M.Books do Brasil Editora Ltda.
Todos os direitos reservados.
Proibida a reprodução total ou parcial.
Os infratores serão punidos na forma da lei.

SUMÁRIO

INTRODUÇÃO: NO COMEÇO... 6
Criação e cosmologia • A suprema história

CAPÍTULO 1   O "DIA SEM ONTEM" 9
"Nada virá do nada" • "Átomo primordial" • O começo do começo • Expansão dos indícios • O estrondo aumenta

CAPÍTULO 2   OS PRIMEIROS MICROMOMENTOS 31
A partir do zero • Tudo desmorona • Hiperinflação • O começo das coisas • Era nuclear

CAPÍTULO 3   ESCURIDÃO VISÍVEL 53
Uma batalha cósmica • Elétrons etc. • Depois do COBE

CAPÍTULO 4   BRILHA, BRILHA, ESTRELINHA 65
Rumo às trevas • Revela-se a gravidade • Construção do arcabouço • Fazer estrelas • O mecanismo das estrelas

CAPÍTULO 5   A VIDA DAS ESTRELAS 93
O fim do começo • Da morte à vida • Grupamento de estrelas • O catálogo Draper • Organização do zoológico astronômico • Como as estrelas se comem • Estrelas envelhecidas

CAPÍTULO 6   A "FÊNIX DA NATUREZA" 125
Ver supernovas • Trabalhar de trás para a frente • Deixados para trás • Da teoria ao fato

CAPÍTULO 7   FAZER MUNDOS 153
Ardendo em fogo • Planetas de pertinho • Pensar nas origens • Origem além da Terra

CAPÍTULO 8   DE OLHO NO LAR 179
Planetas em crescimento • A matéria-prima dos planetas

CAPÍTULO 9   ONDE ISSO VAI ACABAR? 193
Cada vez maior • Daqui, aonde vamos?

RUMO AO MULTIVERSO 202
Não saber nada sobre nada

ÍNDICE REMISSIVO 204

CRÉDITOS DAS ILUSTRAÇÕES 208

Introdução:
NO COMEÇO...

"O universo, além de mais esquisito do que supomos, é mais esquisito do que conseguimos supor."

Mark Twain (1835-1910)

Entender o universo é o maior de todos os desafios possíveis e ocupa a humanidade desde os primeiros tempos. As perguntas "O que é isso tudo?" e "De onde isso tudo veio?" estão entre as mais fundamentais que podemos fazer.

Criação e cosmologia

Durante milênios, a única maneira de abordar essas perguntas era por meio da religião, do mito e das histórias, e nada disso incentiva a exploração ou a interrogação. Os mitos da criação passam de geração em geração; a sua estabilidade faz parte da sua essência e do seu encanto. Quem cresce numa cultura como a do povo kuba da África central que ensina que as estrelas foram vomitadas por um gigante chamado Mbombo não precisa procurar outra explicação. Perguntar "de onde vem Mbombo?" pode ser considerado bobagem, no melhor dos casos, ou heresia, no pior. A ciência,

Representação do século XVII de um mito de origem hinduísta no qual o universo é destruído e recriado novamente num ciclo interminável. Entre os atos de destruição e criação, Vishnu descansa sobre a serpente Ananta, que representa a eternidade.

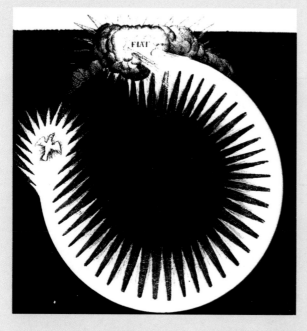

Na tradição cristã, tudo é criado a partir da palavra de Deus. A obra Utriusque cosmi historia (História dos dois mundos, 1617-1621), de Robert Fludd, mostra a criação da luz a partir da escuridão vazia.

por outro lado, busca descobrir a verdade, mesmo às custas de derrubar as suas teorias mais queridas. Interrogar o *status quo* é incentivado, pois questionar o modelo predominante o reforça ou refuta. Nenhuma narrativa é fixa; qualquer princípio científico pode ser derrubado amanhã, mas a ciência, como estrutura, permanecerá a mesma.

Hoje, podemos aproveitar a tecnologia e a matemática para descobrir como o universo realmente começou, como chegou aonde está no momento e para onde estaria indo. Podemos tentar escrever a sua verdadeira história.

E mais histórias

Mesmo com a ciência, temos de começar com narrativas provisórias, com sugestões do que pode ter acontecido, e buscar indícios que comprovem ou refutem essas ideias. Os processos do universo e da construção de estrelas, galáxias e planetas são tão lentos que não se pode ter esperança de compreendê-los observando-os no decorrer do tempo. Em vez disso, cosmólogos e astrônomos observam a miríade de fenômenos diferentes que nos cercam e tentam montar narrativas e explicações que combinem com as observações. Depois, testam as suas ideias com a matemática e mais observação para ver se elas se sustentam. Houve muita queima de largada e várias reviravoltas inesperadas e, às vezes, mal recebidas.

A suprema história

A história do universo é a maior de todas: descreve tudo o que há, houve e haverá e nos conta a nossa tentativa de entendê-la. Há duas histórias: uma, a narrativa do universo em si, dos seus primeiros momentos até agora; a outra, a narrativa da nossa descoberta. Elas vão em direções mais ou menos opostas, porque os primeiros momentos do universo foram descobertos muito recentemente.

A nossa compreensão atual do universo apresenta-se no modelo Lambda Matéria Escura Fria (LCDM ou ΛCDM, na sigla em inglês de *Lambda Cold Dark Matter*), versão padrão da teoria do Big Bang. Mas ele não nos dá o quadro completo. Boa parte da história ainda está por descobrir.

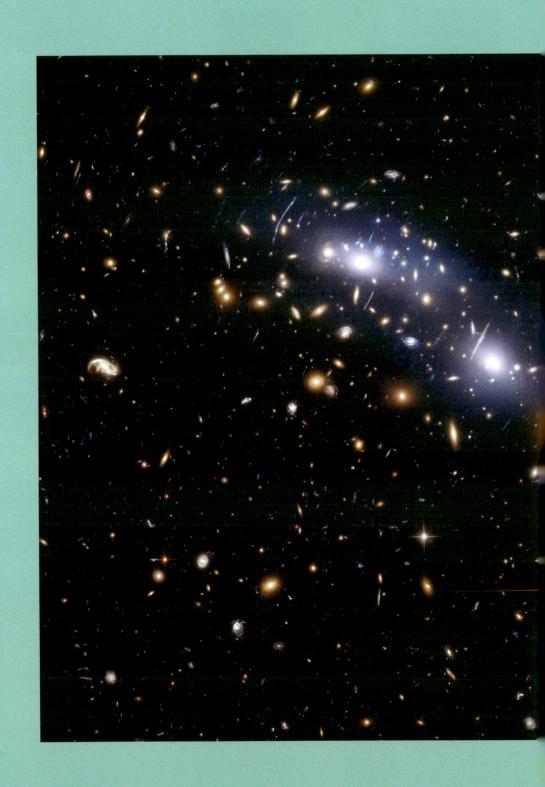

CAPÍTULO 1

O "DIA SEM ONTEM"

"O universo pode ser o supremo almoço grátis."

Alan Guth, 1992

A cosmologia moderna situa a origem do universo entre 12,5 e 13,8 bilhões de anos atrás, no "Big Bang", o grande estrondo. O espaço-tempo surgiu nesse primeiro momento, aparentemente gerado a partir do nada; tudo o mais veio depois. É uma ideia instigante, com menos de cem anos, que hoje configura a nossa história do universo.

A vastidão inconcebível do espaço é sugerida por imagens capturadas pelo Telescópio Espacial Hubble que mostram miríades de galáxias do tamanho da nossa Via Láctea, cada uma apenas um ponto de luz.

CAPÍTULO 1

"Nada virá do nada"

O paradoxo da existência, de por que haver "algo" em vez de "nada", começou a ser abordado de forma racional na Grécia, no século V a.C. Os antigos gregos foram o primeiro povo conhecido a se dedicar ao pensamento científico e tentar descobrir as causas e a natureza das coisas por meio da observação e do raciocínio, em vez de recorrer a explicações sobrenaturais. Só há duas explicações óbvias e amplas da existência das coisas: ou começaram a existir em algum momento ou sempre existiram. Na Grécia Antiga, há defensores das duas vertentes.

Gravura do século XVII mostra Parmênides de Ilia.

Matéria eterna

O filósofo Parmênides construiu uma argumentação a favor de um universo eterno e imutável. Só sobreviveram fragmentos dos seus textos, que são os mais antigos que temos sobre o assunto. Ele baseou a sua defesa na oposição entre o que é e o que não é. "O que é" não pode, de modo algum, ter algo do "que não é"; esse salto não é possível. Isso significa que "o que é" não pode ter começado a existir, porque para isso antes haveria "o que não é", e isso é impossível. Do mesmo modo, "o que é" não pode se corromper e deixar de existir, porque isso indicaria virar "o que não é". Assim, chega-se à conclusão de que não pode haver mudança, movimento nem vácuo e que tudo é uma coisa só e imutável. Parece contrário ao modo como vivenciamos o mundo. Mesmo assim, intuitivamente a ideia de que as coisas não brotam do nada nos atrai. Por volta de 500 a.C., Heráclito, outro filósofo, explicou sucintamente: "Essa ordem do mundo [*kosmos*], a mesma em tudo, nenhum deus ou homem criou, mas sempre existiu e sempre existirá."

Firme como ela só

A noção de que o universo é eterno e se mantém sempre praticamente o mesmo ainda era o pressuposto dominante no início do século XX. Hoje, é o chamado modelo "estacionário" do universo, mas até recentemente nem era pensado como modelo; era apenas o modo como são as coisas. O modelo foi descrito por Isaac Newton em 1687 nos *Principia mathematica*, onde ele explicou o universo estacionário, imutável e infinito no qual a matéria está uniformemente distribuída em grande escala. Essa ideia estava tão entranhada que, quando derivou as suas equações da relatividade geral, Albert Einstein logo acrescentou um artifício chamado constante cosmológica para manter o universo estacionário. O pressuposto era de que o universo não muda e, caso as suas equações sugerissem que mudava, elas é que estariam erradas. Mais tarde, ele se referiu a isso como a maior gafe da sua carreira.

Ordem a partir do caos

O ponto de vista oposto afirma que tudo o que existe foi criado do nada ou do caos. Impor a ordem ao caos é fundamental em muitos mitos da criação. No livro bíblico do Gênesis, "a Terra era sem forma e vazia" antes que Deus se dispusesse a pôr

O "DIA SEM ONTEM"

alguma ordem nas coisas. Nos mitos da ordem vinda do caos, há algum tipo de matéria primordial, caótica e desordenada da qual tudo é criado por meio da organização. Mas isso não é a mesma coisa que fazer algo do nada. A criação da luz por Deus apenas com palavras chega perto. É interessante que a Igreja Católica adotou a confirmação do Big Bang como o momento da criação.

A narrativa cristã da criação a partir do nada está representada em mosaicos no interior da cúpula da basílica de São Marcos, em Veneza, Itália.

CAPÍTULO 1

Em 1654, o cientista alemão Otto von Guericke demonstrou a existência do vácuo com os seus "hemisférios de Magdeburgo". Eram duas semiesferas de metal que ele encaixava e das quais extraía o ar com uma bomba. Era preciso uma força imensa para separá-las, porque a pressão do ar em volta as unia.

> "Parece que a ciência moderna, com uma varredura ao longo dos séculos, foi bem-sucedida ao testemunhar o augusto instante do primordial Fiat Lux ['faça-se a luz'], em que, junto com a matéria, explode do nada um mar de luz e radiação, os elementos se dividem, se agitam e formam milhões de galáxias."
>
> Papa Pio XII, 1951

O "DIA SEM ONTEM"

Nada não existe

A ideia de algo que vem do nada exige que haja o "nada". Os antigos gregos se dividiam sobre a possibilidade ou não de existir o vácuo (um espaço que não contém nenhuma matéria). O filósofo Aristóteles defendia, no século IV a.C., que o vácuo é impossível e que nada pode ser criado a não ser a partir de alguma forma de matéria preexistente, subentendendo que a matéria sempre existiu. Aristóteles foi tão influente que a sua posição predominou durante quase dois mil anos. Acontece que a natureza do "nada" é fundamental na nossa explicação atual do universo.

Se a matéria for contínua, não há espaço vazio; mas, se a matéria for dividida em minúsculas porções discretas (átomos, na terminologia moderna), então o espaço vazio é essencial, senão as partículas não seriam separadas. Depois que aceitamos o conceito de espaço vazio, ainda há a necessidade de definir "vazio". As experiências com bombas de vácuo no século XVII deram a impressão de demonstrar, afinal, que é possível ter um espaço que não contenha nenhuma matéria, nem mesmo um gás. Mas hoje sabemos que até o espaço sideral tem uma densidade baixíssima de matéria, ainda que sejam apenas alguns átomos por metro cúbico. O melhor vácuo obtido pela ciência está decididamente lotado de átomos, com até 100.000 por centímetro cúbico. Sob a forma de radiação, a energia consegue atravessar o espaço vazio, e os campos magnéticos e gravitacionais operam nele. Então, até que ponto é vazio?

Algo por nada?

Embora pareça fundamental, aparentemente a noção de que nada pode ser criado a partir do nada está errada. Em aceleradores de partículas de alta velocidade, os físicos fazem as partículas se chocarem e criam grandes explosões de energia que se manifestam como partículas. Têm vida curta, entram e saem da existência num nanopiscar de olhos, mas existem. São algo criado do nada ou, pelo menos, matéria criada a partir de energia. Não são partículas anteriores reconfiguradas; são inteiramente novas. Hoje, parece que a origem do universo está exatamente num brotamento do ser a partir do nada.

Começou com um estrondo

Aquilo que Parmênides chamou de "o que é" veio a existir 13,8 bilhões de anos atrás a partir de uma singularidade (ver o quadro abaixo). Tudo "o que é" hoje surgiu com o povoamento do espaço-tempo a partir da mudança, do rearranjo e da dispersão do

> **SINGULARIDADES ISOLADAS E MÚLTIPLAS**
> Na cosmologia, singularidade é um ponto infinitamente denso e pequeno. O Big Bang começou com uma singularidade. Há outras singularidades no centro dos buracos negros, onde a matéria foi esmagada num volume infinitamente pequeno.

"material" primordial. A história do universo é o caminho desde aquela singularidade até os dias atuais. Um apêndice da história pode ser o que aconteceria entre hoje e o fim de tudo — se houver um fim.

A teoria do Big Bang substituiu a concepção anterior do universo e se baseou em descobertas humanas. É difícil dizer onde a história realmente começa: talvez com Einstein e a teoria da relatividade geral;

CAPÍTULO 1

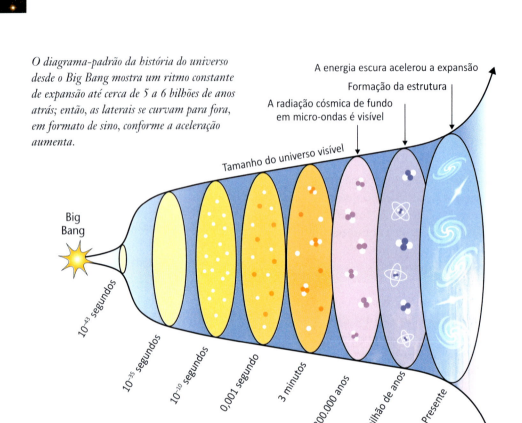

O diagrama-padrão da história do universo desde o Big Bang mostra um ritmo constante de expansão até cerca de 5 a 6 bilhões de anos atrás; então, as laterais se curvam para fora, em formato de sino, conforme a aceleração aumenta.

"Os seus cálculos estão corretos, mas a sua física é atroz."

Einstein a Lemaître, 1931

ou com a astrônoma americana Henrietta Leavitt e o método de medir a distância de algumas estrelas muito especiais; ou com Isaac Newton e a natureza da luz e da gravidade. Encontraremos todas essas pessoas conforme avançarmos pela história do universo. Mas começaremos na Bélgica.

"Átomo primordial"

O modelo que hoje chamamos de teoria do Big Bang foi proposto pelo padre e astrônomo amador belga Georges Lemaître em 1931. Ao estudar a explicação matemática da gravidade na Teoria Geral da Relatividade de Albert Einstein, publicada em 1915, Lemaître percebeu, em 1927, que o universo está se expandindo. Ele produziu para as equações um conjunto de soluções que indicava um universo em expansão. Einstein, que

"O Big Bang, hoje postulado como origem do mundo, não contradiz o ato divino da Criação; ele o exige."

Papa Francisco, 2014

O "DIA SEM ONTEM"

preferia o universo estacionário, não ficou contente com essa conclusão.

Se está se expandindo, o universo precisa se expandir a partir de alguma coisa; teria de ser menor antes, muitíssimo menor. Essa foi a conclusão que Lemaître apresentou em 1931, mostrando que o universo inteiro deve ter sido um único ponto incrivelmente denso (uma singularidade). Ele cunhou a expressão "átomo primordial" para a entidade que via "explodindo no ponto da Criação" — um belo casamento de cosmologia e religião para um padre astrônomo.

GEORGES LEMAÎTRE (1894-1966)

Nascido em Charleroi, na Bélgica, Georges Lemaître frequentou uma escola secundária jesuíta e estudou engenharia civil na Universidade Católica de Leuven. Os seus estudos foram interrompidos pela Primeira Guerra Mundial, mas depois ele estudou física e matemática enquanto se preparava para o sacerdócio. Terminou o doutorado em 1920 e foi ordenado em 1923. No mesmo ano, mudou-se para a Universidade de Cambridge, na Inglaterra, para trabalhar com o grande astrônomo Arthur Eddington, que lhe apresentou a cosmologia. Lemaître passou o ano seguinte no Harvard College Observatory e no Massachusetts Institute of Technology e voltou à Bélgica em 1925, onde deu aulas e pesquisou na Universidade de Leuven até se aposentar em 1964.

Em 1927, Lemaître encontrou, para as equações da relatividade geral de Einstein, um conjunto de soluções que descrevia um universo em expansão. Publicou as suas soluções no mesmo ano. O seu artigo incluía a primeira declaração da lei hoje chamada de Hubble-Lemaître: a velocidade com que os objetos se afastam de nós no universo é proporcional à distância que estão de nós. Ele também calculou o primeiro valor aproximado da Constante de Hubble, a taxa de expansão do universo. O seu trabalho chamou pouca atenção, principalmente por ter sido publicado em francês.

Então, em 1931, numa conferência em Londres sobre espiritualidade e o universo físico, Lemaître sugeriu que, caso se expanda, o universo tem de se expandir a partir de alguma coisa e que, se recuarmos o suficiente no tempo, a princípio ele deve ter sido um ponto pequeno e compacto. Eddington chamou a ideia de "repugnante", e, a princípio, Einstein achou que estava errada, embora mais tarde concordasse e, em 1934, propusesse Lemaître para o Prêmio Francqui belga de ciência. O "átomo primordial" teve mais divulgação do que o artigo original de Lemaître, que logo ficou famoso. Ganhou prêmios e homenagens e viu a sua teoria adquirir o nome de "Big Bang".

CAPÍTULO 1

> *"Como cientista, simplesmente não acredito que o universo tenha começado com um estrondo."*
>
> Arthur Eddington, 1928

O começo do começo

Lemaître recorreu à astronomia atrás de provas que sustentassem a sua teoria. Henrietta Leavitt e Edwin Hubble, dois astrônomos brilhantes, tinham preparado o terreno.

Claro e escuro

Leavitt trabalhou, a princípio como voluntária, no Harvard College Observatory, de 1895 até a sua morte em 1921. Ela estudou estrelas variáveis e, em particular, as estrelas variáveis cefeidas nas Nuvens de Magalhães, duas galáxias anãs gêmeas visíveis no hemisfério sul. As cefeidas mudam de brilho a intervalos muito regulares. Em 1908, usando matemática sofisticada e observações detalhadas, ela percebeu que há uma relação direta entre a magnitude (brilho) da estrela e a duração do período em que fica luminosa antes de escurecer: quanto mais brilhante a estrela, mais tempo permanece luminosa. Com base num ciclo completo de escurecimento e clareamento, Leavitt conseguiu calcular a magnitude da estrela. Em 1912, ela publicou uma tabela com os períodos de 25 cefeidas e a sua magnitude aparente, com base na qual se poderia calcular a distância delas.

Antes do trabalho de Leavitt, os astrônomos só podiam calcular a distância de estrelas a até 100 anos-luz da Terra, usando o método da paralaxe. A distância até as cefeidas das Nuvens de Magalhães era de até 200.000 anos-luz da Terra. O método de Leavitt funcionava em distâncias até dez milhões de anos-luz. Chamada de "régua do universo", a sua descoberta foi uma ferramenta essencial para Edwin Hubble, que lançou as bases dos achados de Lemaître.

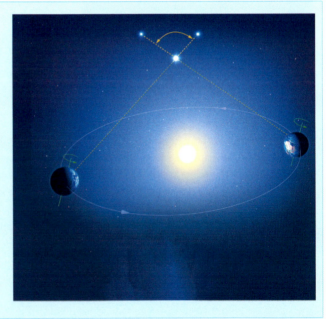

PARALAXE

A paralaxe nos permite calcular a distância de um objeto observando-o de duas posições diferentes. É possível testar isso: erga o dedo na frente do rosto e o olhe primeiro com um olho fechado, depois com o outro. O dedo parece pular de um lado para o outro. A paralaxe pode ser usada para calcular a distância de objetos astronômicos usando a posição da Terra em lados opostos da órbita (junho e dezembro) e medindo o ângulo entre as linhas de mirada.

O "DIA SEM ONTEM"

HENRIETTA SWAN LEAVITT (1868-1921)

Nascida em Cambridge, no estado americano de Massachusetts, Leavitt frequentou o Oberlin College e a Society for the Collegiate Instruction of Women (Sociedade pela Instrução Superior das Mulheres, mais tarde Radcliffe College), onde descobriu a astronomia em 1892. Os seus estudos foram interrompidos durante vários anos por uma doença grave que a deixou profundamente surda. Em 1895, ela foi voluntária no Harvard College Observatory e, sete anos depois, nomeada pelo diretor Charles Pickering para a equipe permanente, na qual estudou fotografias de estrelas para determinar a sua magnitude.

As restrições da época não permitiram que Leavitt, por ser mulher, realizasse trabalho teórico e criasse projetos próprios. Mesmo assim, ela identificou mais de 2.400 estrelas variáveis, mais da metade das conhecidas na época, e descobriu a relação entre a variabilidade e a magnitude das estrelas variáveis cefeidas. Também desenvolveu o Padrão Harvard para a medição fotográfica da magnitude das estrelas. Leavitt trabalhou no observatório até morrer de câncer com 53 anos.

ESTRELAS VARIÁVEIS CEFEIDAS

A RS Puppis é uma das variáveis cefeidas mais brilhantes da Via Láctea. Seu período de variação é de 41,5 dias. A RS Puppis fica no centro dessa nebulosa, a seis mil anos-luz de distância.

As cefeidas recebem esse nome por causa da estrela Delta Cephei, identificada como variável em 1784 pelo astrônomo amador inglês John Goodricke. A primeira cefeida descoberta foi Eta Aquilae, encontrada alguns meses antes por Edward Pigott, outro astrônomo inglês. As cefeidas clássicas são estrelas de formação relativamente recente, com quatro a vinte vezes mais massa do que o Sol e até cem mil vezes mais luminosas. A sua luminosidade varia segundo um padrão regular que dura dias e meses. O raio de uma cefeida muda milhões de quilômetros no decorrer do seu ciclo variável. Como sugeriu Eddington em 1917, isso é causado por mudanças da temperatura da estrela, que a fazem se expandir e se contrair. Em 1953, o astrofísico soviético Serguei Zhevakin identificou o ciclo do hélio, que se ioniza e desioniza, como mecanismo que impulsionava o processo. O hélio duplamente ionizado (que perde os dois elétrons) se torna opaco. Como a atmosfera da estrela é aquecida de dentro para fora, o calor não consegue escapar pelo gás opaco, e, em consequência, a atmosfera se expande. A estrela esfria quando cresce, fica desionizada e retorna ao estado transparente.

CAPÍTULO 1

Em busca de "universos-ilhas"

Hoje sabemos que as Nuvens de Magalhães são galáxias além da Via Láctea. As "nebulosas" (nuvens de luz indistinta) foram listadas pela primeira vez em 1771 pelo astrônomo francês Charles Messier (ver quadro abaixo). A sua descoberta teve consequências consideráveis para o tamanho do universo. De um lado da discussão, Harlow Shapley, diretor do Harvard College Observatory, acreditava que a Via Láctea compreendia o universo inteiro e que as nebulosas espirais eram acidentes relativamente pequenos dentro das suas fronteiras. Do outro, Heber Curtis, diretor do Allegheny Observatory, em Pittsburgh, defendia que as nebulosas espirais ficavam fora da nossa galáxia. Ele acreditava que seriam enormes e muito distantes, galáxias independentes ou "universos-ilhas", como sugerido pelo filósofo Immanuel Kant no século XVIII.

Em 26 de abril de 1920, no Museu Smithsonian de História Natural, em Washington, os dois lados apresentaram os seus argumentos num "grande debate" que envolveu cosmólogos importantes na época, mas nada resolveu. Em 1924, o astrônomo americano Edwin Hubble calculou, com o método de Leavitt, que uma cefeida na mancha indistinta de Andrômeda está cerca de oito vezes mais distante da Terra do que qualquer estrela da Via Láctea. Essa descoberta espantosa foi a primeira prova de que podia haver algo além da nossa galáxia. Na mesma hora, a conclusão de Hubble de que Andrômeda é uma galáxia expandiu o universo de uma única galáxia para algo de alcance potencialmente infinito. Quantas galáxias a mais existiriam?

Depois de descobrir que as nebulosas podiam ser galáxias, Hubble passou a classificá-las de acordo com o seu tamanho, os padrões de brilho e a distância da Terra. No fim da década de 1920, ele encontrara mais de vinte galáxias novas e estabelecera formas diferentes para elas — espiral, elíptica e irregular —, ainda reconhecidas hoje.

NUVENS NO ESPAÇO

A princípio, Charles Messier (1730-1817) não procurava nebulosas, mas cometas. O retorno do cometa de Halley em 1758 provocou interesse público e profissional nesses objetos que passavam; Messier decidiu procurar mais e encontrou quinze deles. Em setembro de 1758, ele notou um objeto nebuloso no céu noturno, na constelação de Taurus. Como não se movia, claramente não era um cometa. Ele decidiu fazer uma lista de todos os objetos nebulosos estáveis que encontrasse para não confundi-los com cometas. O objeto que vira era a nebulosa de Caranguejo, que se tornou M1, o primeiro objeto do seu catálogo de nebulosas. Hoje, a nebulosa é identificada como remanescente de uma supernova, uma estrela que explodiu em 1054, também conhecida como SN1054.

A primeira edição do catálogo de Messier, publicada em 1771, listava 45 objetos nebulosos (Messier descobrira 17 deles). Ele e os colegas continuaram a listar objetos, e 103 foram incluídos em 1781 na última edição do catálogo que publicou em vida. Novos objetos foram acrescentados desde então, e hoje a contagem chega a 110, com o mais recente, uma galáxia elíptica anã na constelação de Andrômeda, incluído em 1967.

Acima: *A grande galáxia espiral NGC 1232. A área central contém estrelas mais antigas, e os braços espiralados são povoados por estrelas jovens e regiões de formação de estrelas.*

À esquerda: *Todos os 110 objetos de Messier conhecidos até hoje.*

CAPÍTULO 1

Expansão dos indícios

A existência de galáxias além da Via Láctea foi uma prova fundamental para Lemaître, mas ele também usou o trabalho de outro astrônomo americano injustamente quase esquecido.

Em 1914, Vesto Slipher (1875-1969) apresentou à Sociedade Astronômica Americana o resultado das suas medições do desvio para o vermelho e do desvio para o azul das nebulosas (ver o quadro na página ao lado). Esses desvios indicam o movimento dos objetos em relação ao observador. Em onze de quinze nebulosas, a luz sofria desvio para o vermelho, ou seja, os objetos estão se afastando de nós. Até 1917, Slipher identificou 21 nebulosas com desvio para o vermelho e 4 com desvio para o azul. Ele observou: "Para termos esse movimento e as estrelas não o mostrarem, todo o nosso sistema estelar se move e nos leva consigo. Durante muito tempo se sugeriu que as nebulosas espirais eram sistemas estelares vistos a grande distância. [...] Essa teoria, me parece, ganha preferência com as observações atuais". Em 1922, Slipher tinha dados de 41 nebulosas observáveis no hemisfério norte. Embora observasse que era "muito espantoso" que a maioria das nebulosas estivesse se afastando, Eddington achou que não se poderia tirar nenhuma conclusão sem dados do hemisfério sul. O astrônomo sueco Gustaf Stromberg, que trabalhava no Mount Wilson Observatory, na Califórnia, publicou em 1925 a lista de desvios para o vermelho de Slipher, que assim ficaram à disposição de Lemaître.

Messier 74, ou galáxia Fantasma, é uma galáxia espiral clássica a 32 milhões de anos-luz. Foi descoberta em 1780.

O "DIA SEM ONTEM"

DESVIO PARA O VERMELHO E PARA O AZUL

Os desvios para o vermelho e para o azul afetam a luz do mesmo modo que o efeito Doppler faz o tom de uma sirene subir e descer quando o veículo se aproxima e se afasta. O efeito foi descrito e explicado pela primeira vez em 1845 pelo matemático austríaco Christian Doppler. Se a fonte sonora se move na nossa direção, a crista de cada onda é emitida mais perto de nós do que a anterior. O efeito é amontoar as ondas, reduzir o seu comprimento e aumentar a sua frequência, o que dá ao som um tom mais agudo. Quando a fonte do som se afasta de nós, o efeito oposto espalha a crista das ondas. Isso aumenta o comprimento de onda, reduz a frequência e produz um som mais grave. Doppler demonstrou a sua teoria com uma experiência encantadora que envolvia músicos tocando instrumentos num trem em movimento enquanto outros músicos fora do trem escreviam as notas que escutavam. Com presciência considerável, ele propôs que a experiência também daria certo com a luz e afetaria a cor aparente das estrelas distantes.

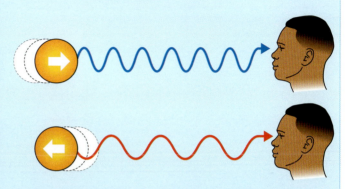

A luz de uma estrela que se move na direção da Terra se desvia para o azul e parece mais azul do que a luz emitida. A luz da estrela que se afasta da Terra se desvia para o vermelho e parece mais vermelha.

A partir do meio do espectro da luz visível, aumentar o comprimento de onda move a luz para a extremidade vermelha e reduzi-lo move a luz para a extremidade azul. Quando um objeto distante se afasta do observador, o comprimento de onda da luz que vem dele se estende e se desvia para a extremidade vermelha do espectro (com comprimento de onda maior); o objeto parece mais vermelho do que é. O objeto que se aproxima do observador produz um desvio para o azul: o comprimento de onda da luz se reduz e o objeto parece mais azul do que é. Pelo desvio observado para o vermelho ou para o azul, o astrônomo consegue saber se a estrela está se aproximando ou se afastando (ou se está estacionária em relação à Terra, não produzindo mudanças).

"Praticamente, pode-se aceitar que, em futuro não muito distante, isso oferecerá aos astrônomos um meio bem-vindo de determinar o movimento e a distância daquelas estrelas que, devido à distância incomensurável de nós e à consequente pequenez dos ângulos paraláticos, até este momento mal davam esperanças de conseguirmos essas medições e determinações."

Christian Doppler, 1842

A galáxia anã elíptica Messier 32, vista aqui como uma luz branca logo à esquerda da galáxia de Andrômeda, foi descoberta em 1749 e está a 2,65 milhões de anos-luz da Terra.

A que distância, com que velocidade?

Do trabalho com as equações de Einstein, Lemaître deduziu que o universo não é estático e que se expande. Depois, ele usou a velocidade do movimento das galáxias de Slipher e a distância até essas galáxias publicada por Hubble para calcular a taxa de expansão do universo e chegou ao número de 625 km/s por megaparsec. Um megaparsec é um milhão de parsecs, e um parsec são 3,26 anos-luz (trinta trilhões de quilômetros). As unidades estranhas vêm do cálculo da taxa de desvio para o vermelho de uma galáxia em quilômetros por segundo em relação à sua distância da Terra em megaparsecs.

Hoje, a taxa de expansão do universo se chama constante de Hubble, e a lei que a define se intitulou, a princípio, Lei de Hubble (rebatizada de Lei de Hubble-Lemaître em 2018). Em 1929, Hubble e o seu assistente Milton Humason usaram as distâncias melhores que tinham medido e os dados de desvio para o vermelho de Slipher para enunciar a lei e o cálculo da constante, dando-lhe um valor de cerca de 500 km/s por megaparsec.

A maioria dos cosmólogos preferia uma explicação diferente da expansão do universo. Não negavam a expansão, mas se recusavam a aceitar que isso significasse que o universo tinha surgido como algo minúsculo. A teoria do estado estacionário ou da "criação contínua" foi enunciada por James Jeans por volta de 1920 e refinada em 1948 por Fred Hoyle, Hermann Bondi e Thomas Gold. Ela diz que se cria matéria nova constantemente conforme o universo se expande, de modo que ele mantém sempre a mesma densidade e sempre parece o mesmo. O material novo forma os componentes das estrelas e galáxias, e objetos de idades diferentes estão distribuídos homogeneamente por todo o universo. Qualquer observador sempre verá um universo idêntico em grande escala, em qualquer posição e em qualquer momento. Nesse modelo, o universo é eterno, sem começo nem fim no tempo.

Luz cansada

Outra explicação foi dada pelo astrônomo suíço Fritz Zwicky, que propôs a hipótese da "luz cansada". A luz se desviaria para o vermelho por perder energia ao percorrer uma distância tão grande, e não porque a galáxia estivesse se afastando de nós. Tanto a teoria do universo em expansão quanto a da luz cansada explicariam por que as galáxias e as estrelas distantes parecem menos luminosas do que são na verdade.

Outras complicações, como a dilatação do tempo e outros aspectos da relatividade, deixariam as galáxias distantes ainda menos luminosas no modelo do universo em expansão, mas não no modelo da luz cansada. Sabemos que as estrelas e galáxias jovens são mais brilhantes do que as velhas. Se as previsões de ambas as teorias forem combinadas ao brilho observado das galáxias distantes, o modelo do universo em expansão vence com a mão nas costas. As estrelas e galáxias jovens precisariam ser menos luminosas e ficar mais brilhantes com a idade para a teoria da luz cansada estar correta.

O estrondo aumenta

Apesar da reação a princípio discreta, a proposta de Lemaître começou a ganhar mais atenção; mas, por não ser um modelo cosmológico plenamente desenvolvido, muitos não a levaram a sério. Isso mudou em 1948 com a publicação de um importante artigo de George Gamow, Ralph Alpher e Hans Bethe. (Pediram que Bethe participasse para que os autores do artigo fossem citados como Alpher, Bethe e Gamow, uma piada intelectual sobre as três primeiras letras do alfabeto grego — alfa, beta e gama.)

Gamow era um químico soviético que desertara para os Estados Unidos em 1934 e tentava explicar a abundância relativa de várias substâncias químicas no universo. Ele começou a se perguntar se as condições do início do universo teriam favorecido a criação do hélio e, talvez, de outros elementos. Com o jovem estudante de doutorado Ralph Alpher, ele examinou a ideia do início do universo como um ponto denso e intenso que se expandiu.

Galáxias irregulares não têm forma nem estrutura definidas. Em geral, são menores do que as galáxias espirais ou elípticas. Talvez algumas tivessem uma estrutura diferente, mas foram deformadas por uma força gravitacional externa. Esta imagem é da galáxia anã irregular NGC 6822.

CAPÍTULO 1

> **PRIMEIRAS PARTÍCULAS**
>
>
>
> Gamow e Alpher concluíram que o início do universo continha:
>
> - prótons: partículas de carga positiva com massa um pouquinho menor do que a do nêutron. A carga positiva do próton equilibra exatamente a carga negativa do elétron.
>
> - nêutrons: partículas sem carga encontradas no núcleo dos átomos.
>
> - elétrons: partículas com carga negativa e massa muito pequena.
>
> - neutrinos: partículas sem carga com massa minúscula, talvez zero; um dos tipos de partícula mais abundantes do universo.

Gamow e Alpher começaram com uma densa nuvem de nêutrons (ver quadro acima) como o universo original, que chamaram de "*ylem*", palavra obsoleta do inglês medieval que significa substância primordial. Na sua descrição, nêutrons quentes e comprimidos decairiam numa mistura de prótons, elétrons e neutrinos quando o universo quente se expandisse. Então, os prótons capturariam alguns nêutrons para formar núcleos de deutério (hidrogênio pesado, com um próton e um nêutron).

Gamow e Alpher propuseram que cada vez mais nêutrons seriam capturados, criando núcleos atômicos cada vez mais pesados para formar os diversos elementos, até que, finalmente, o universo em expansão esfriaria a tal ponto que novas reações não poderiam ocorrer. Eles publicaram um artigo na revista *Physical Review* com o título "The Origin of Chemical Elements" (A origem dos elementos químicos).

Embora errassem na adição de cada vez mais nêutrons, Gamow e Alpher acertaram na passagem de prótons (núcleos de hidrogênio) a deutério e hélio, e assim explicaram corretamente cerca de 99% da massa do universo. Também foi importante darem ao Big Bang (embora ainda sem esse nome) a condição de modelo cosmológico apropriado. O artigo de Alpher-Bethe-Gamow pôs o modelo de Lemaître no centro do palco do debate cosmológico, mas ainda longe de ser universalmente popular.

Mais por mais

Parecia que a cosmologia tinha chegado a um impasse. No entanto, na década de 1950 indícios a favor do Big Bang começaram a se acumular. Foi trazida ao debate uma nova ferramenta, o radiotelescópio, tão importante para a cosmologia moderna quanto o telescópio óptico para a astronomia de observação no início do século XVII.

Sinais do espaço

O radiotelescópio surgiu depois de uma descoberta do engenheiro de telecomunicações americano Karl Jansky. Como muitas grandes descobertas, foi acidental. Jansky trabalhava nos Laboratórios Bell e investigava as fontes de interferência capazes de perturbar as transmissões de rádio de ondas curtas pelo Atlântico. Em 1931, ele montou

O "DIA SEM ONTEM"

uma antena de rádio numa base giratória e, durante vários meses, registrou todas as fontes de estática que conseguiu encontrar. Separou as tempestades próximas e distantes, mas havia um sibilar constante que não conseguiu rastrear. Dali a algum tempo, ele descobriu que a fonte de interferência mais forte repetia o sinal a cada 23 horas e 56 minutos. Essa é a duração do dia sideral, o tempo necessário para a Terra girar em relação às estrelas. O sinal parecia vir da direção do centro da Via Láctea. A partir desse indício, Jansky concluiu que objetos no espaço deviam emitir ondas de rádio.

Ele queria aprofundar a sua descoberta e pediu permissão para construir uma antena de rádio de trinta metros, mas a Bell não se interessou porque não teria nenhum impacto nos usos comerciais do rádio. O envolvimento de Jansky com a radioastronomia teve um fim abrupto.

A Grande Depressão não era uma época boa para convencer ninguém a financiar um novo projeto sem valor comercial claro.

George Gamow foi um dos primeiros cientistas a usar o modelo do Big Bang.

O QUE HÁ NUM NOME?

O astrônomo inglês Fred Hoyle foi um dos que propuseram a teoria do universo estacionário. Em 1949, ele criticou como "irracional" e anticientífica "a hipótese de que toda a matéria do universo foi criada numa única grande explosão num momento específico do passado remoto". (A declaração de que o Big Bang era anticientífico se baseava no argumento de que se referia a um momento de criação que tinha um ar religioso suspeito.)

Passaram-se vários anos até a expressão "Big Bang" ("grande estrondo") se tornar o rótulo-padrão do modelo controvertido. O primeiro artigo de pesquisa a usá-la foi publicado em 1966 pelos físicos ingleses Stephen Hawking e Roger Tayler, e o uso do nome se generalizou a partir do fim da década de 1970. Outro nome que, infelizmente, não pegou foi dado por outro detrator. Norwood Russell Hanson, filósofo de Yale, se referia à "imagem disneyoide" de um universo explodindo para a vida.

CAPÍTULO 1

A antena de rádio giratória original de Karl Janksy, apelidada de Carrossel, com a qual ele captou sinais de rádio do centro da Via Láctea.

Não houve mais progresso até que Grote Reber, um entusiasta do radioamadorismo, construiu o primeiro radiotelescópio no quintal de casa, num subúrbio de Chicago. Para descobrir ondas de rádio vindas do espaço, ele teve de construir três refletores parabólicos diferentes, baixando a frequência que recebia de 3300 MHz para 900 MHz e depois para 160 MHz. Em 1938, ele captou o primeiro sinal da Via Láctea.

Reber traçou mapas de contorno da intensidade das emissões de rádio que detectou pelo céu. O ponto mais forte ficava no centro da Via Láctea, mas ele também identificou Cygnus e Cassiopeia. De 1938 a 1943, ele publicou regularmente os seus achados nos círculos de astronomia e engenharia. Quando o setor decolou depois da Segunda Guerra Mundial, criou-se o primeiro departamento de radioastronomia na Universidade de Ohio.

O trabalho de Hubble com galáxias distantes foi todo feito com telescópios ópticos. Se um objeto estivesse tão longe que a sua luz ficasse fraca demais para ser percebida, ele não saberia da sua existência. O objeto mais distante que listou no seu artigo de 1929 estava, pelos seus cálculos, a dois megaparsecs de distância. São cerca de 6,5 milhões de anos-luz do sistema solar — bem longe da Via Láctea, mas uma distância minúscula em termos astronômicos. O surgimento do radiotelescópio gerou provas espantosas da expansão do universo ao encontrar objetos a distâncias antes inimagináveis.

Galáxias renegadas

Enquanto observavam galáxias, os radioastrônomos descobriram alguns objetos incomuns e inexplicáveis: fontes muito fortes de sinais de rádio emitidos em várias frequências. Os objetos receberam o nome de *"quasi-stellar objects"*, objetos quase estelares, ou seja, "coisas parecidas com estrelas que, provavelmente, não são estrelas". Logo, o nome foi abreviado para "quasar". Até 1960, centenas de quasares tinham sido encontrados, mas nenhum fora visto.

O "DIA SEM ONTEM"

Grote Reber com o seu radiotelescópio parabólico. Ele o construiu no estado de Illinois, mas hoje está instalado na Virgínia Ocidental.

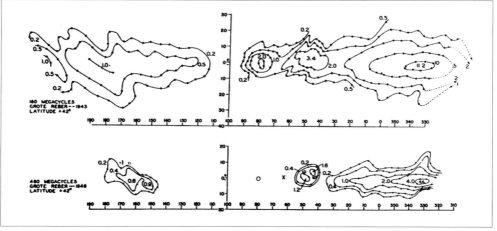

Os mapas de contorno dos sinais de rádio mostram a concentração mais alta de radiação no centro da Via Láctea.

Uma fonte de luz visível foi ligada a um quasar pela primeira vez em 1962, mas, longe de se resolver, o mistério se aprofundou. A fraca fonte de luz azul no local do quasar 3C 48 tinha um espectro de emissão não reconhecido, ou seja, os astrônomos não conseguiram descobrir a sua composição.

Então, em 1962, o astrônomo holandês Maarten Schmidt encontrou um objeto visível correspondente a outro quasar, o 3C 273, e registrou o seu espectro de emissão (ver a página 28). Novamente, havia faixas largas que não combinavam com os elementos conhecidos; Schmidt propôs que fosse hidrogênio com um enorme desvio para o vermelho. Isso significa que o padrão de raias (o espaçamento entre elas) era o mesmo, mas o bloco todo fora deslocado para a ponta vermelha do espectro. O desvio de quase 16% para o vermelho era

CAPÍTULO 1

muito maior do que já se encontrara; se causado pelo movimento da estrela, significava que ela se afastava numa velocidade inimaginável de 47.000 km/s. Não havia o que explicasse isso ou as intensas emissões de rádio do objeto. Um novo exame do espectro de 3C 273 mostrou que era hidrogênio e magnésio, com um enorme desvio para o vermelho de 37%.

Embora o desvio para o vermelho fosse indiscutível, poucos astrônomos se dispuseram a aceitar as suas consequências para a velocidade da estrela. Parecia haver duas explicações possíveis. A primeira postulava que a estrela poderia ser um objeto muito poderoso e muito distante que se afastava com grande rapidez. A segunda dizia que poderia ser um objeto menos poderoso,

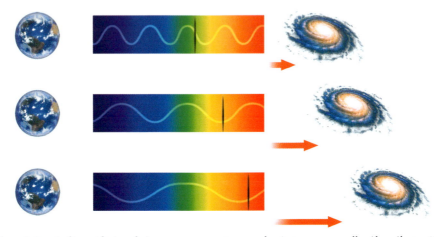

Espectro de emissão não distorcido (no alto) e o mesmo espectro com desvio para o vermelho (duas ilustrações abaixo). O padrão é o mesmo, mas os comprimentos de onda da luz se aproximaram do vermelho.

LUZ DAS ESTRELAS

Todos os elementos químicos emitem luz quando aquecidos, e cada um emite luz com um comprimento de onda específico. O padrão de faixas de luz de comprimentos de onda diferentes emitido por uma estrela ou outro objeto luminoso é o seu espectro de emissão. Os astrônomos usam os espectros de emissão para identificar os componentes químicos de estrelas e atmosferas.

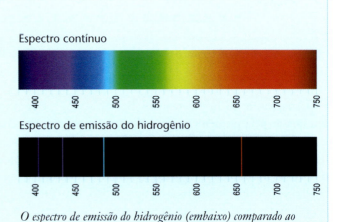

O espectro de emissão do hidrogênio (embaixo) comparado ao espectro contínuo da luz visível (acima).

O "DIA SEM ONTEM"

> **QUASARES DESVENDADOS**
> Os quasares ficam no centro das galáxias ativas, onde são alimentados pela matéria que cerca um enorme buraco negro. Quando o buraco negro atrai o material próximo, a fricção e o estresse gravitacional produzem a energia imensa do quasar. Os quasares estão entre os objetos mais poderosos que produzem energia no universo. Emitem radiação em todos os comprimentos de onda, mas a sua luz visível é fraca por estarem tão longe de nós. Se o quasar 3C 273 ficasse a apenas 33 anos-luz, seria tão brilhante quanto o Sol (que fica a apenas 8 minutos-luz de distância); ele é quatro trilhões de vezes mais brilhante e emite cerca de cem vezes mais luz do que toda a Via Láctea.

muito mais perto da Terra, uma estrela com apenas 10 km de diâmetro situada perto ou dentro da Via Láctea, e as emissões desse objeto sofriam o desvio para o vermelho por alguma razão que não seria a velocidade.

A maioria dos astrônomos preferia a segunda explicação, e deduziu-se que o desvio para o vermelho resultava da gravidade (a massa do objeto distorceria as suas próprias emissões) ou de algum processo até então desconhecido. No entanto, Schmidt preferia a primeira explicação. Embora fosse amplamente rejeitada, a teoria do objeto muito distante e veloz se provou correta. Mas seriam necessários mais avanços na astronomia para que a verdadeira situação se revelasse e confirmasse a enorme distância dos quasares. Agora, conhecem-se mais de duzentos mil quasares, e os mais distantes ficam a cerca de 29 bilhões de anos-luz. É um aumento descomunal das galáxias de Hubble, até então com apenas dois milhões de anos-luz.

Um eco do passado

Os quasares foram a primeira prova de que alguns objetos se afastam de nós com incrível rapidez e estão a uma distância imensa, o que combina com as previsões da teoria do Big Bang. Para os adversários do modelo do Big Bang, quando o tamanho estimado do universo aumentou, a sua gênese a partir de um ponto infinitamente pequeno ficou cada vez mais improvável. Mas, antes que se compreendesse a importância dos quasares, outra descoberta acidental do rádio trouxe o próximo indício favorável ao Big Bang. Mais uma vez, os Laboratórios Bell tiveram a sua participação.

Em 1962, Arno Penzias e Robert Wilson, engenheiros de telecomunicações da Bell, tentavam descobrir a fonte da interferência num sinal de rádio. Eles conseguiram eliminar todos os sinais indesejados, mas descobriram que ainda havia um leve ruído de fundo que cobria o céu todo, dia e noite, sem mudanças. Naquele momento, eles ouviram falar de um trabalho que indicava que um eco do Big Bang ainda poderia ser percebido como radiação de fundo no espaço. Penzias e Wilson perceberam que, na verdade, a sua interferência misteriosa tinha bilhões de anos: era a Radiação Cósmica de Fundo em Micro-ondas (RCF), radiação eletromagnética deixada pelo início do universo.

A RCF vem de um momento da história do universo um pouco posterior ao primeiro instante que reencontraremos no capítulo 3. Mas, naquele ponto da década de 1960, foi a primeira confirmação de que o Big Bang era mais do que uma ideia interessante. Agora, os cientistas tinham a tarefa complicada de esmiuçar exatamente o que significava.

CAPÍTULO 2

OS PRIMEIROS MICROMOMENTOS

"Temos uma teoria viável do universo até cerca de 10^{-30} segundos. Nesse momento, o universo observável era menor do que o menor ponto da tela da sua TV, e se passara menos tempo do que o necessário para a luz atravessar aquele ponto."

George F. Smoot,
Prêmio Nobel de Física, 2006

É nos primeiros momentos do universo que temos de buscar as pistas de como ele surgiu e de como é. As partículas fundamentais da matéria que acabariam por construir tudo o que conhecemos passaram a existir naquele primeiro segundo do tempo.

Essa antiga representação egípcia do nascimento do universo mostra o Sol se erguendo do Monte da Criação no início do tempo. O Sol surge como um disco alaranjado em três estágios do seu avanço pelo céu. De cada lado estão as deusas do Norte e do Sul, despejando as águas primevas. Na terra, as oito divindades do Ogdóade aram o solo.

CAPÍTULO 2

A partir do zero

Os cientistas dividem a história do universo em eras caracterizadas por tipos diferentes de atividade. Tendemos a pensar em eras como períodos longos, mas as primeiras eras da história do universo duraram frações de segundo inimaginavelmente pequenas. A primeira, chamada era (ou época) de Planck, foi do instante do Big Bang até 10^{-44} segundo. É um instante inconcebivelmente breve: 1/100.000. 000.000.000.000.000.000.000.000.000.000 .000.000.000 de segundo. O começo dessa era foi o momento do Big Bang, em que o universo era infinitamente denso e pequeno: uma singularidade. As leis da física não funcionam nessa situação, e não há muito que possamos dizer a respeito.

A era seguinte foi um pouco mais longa, mas não muito; o universo conseguiu amontoar seis eras no seu primeiro segundo de existência. A sétima era durou três minutos completos. No fim desse período, as quatro forças fundamentais tinham se separado e o primeiro núcleo atômico apareceu. Calcular o que aconteceu nesse breve momento exigiu muitos anos dos físicos.

Algo a partir de nada

A física moderna considera que flutuações quânticas fizeram o universo surgir. Ele não apareceu no espaço porque não existia espaço. O espaço estava dentro do universo, definido por ele.

A teoria do universo de zero energia, proposta por Edward Tryon em 1973, usa uma característica interessante do equilíbrio termodinâmico que permite que o universo exista. Como a energia gravitacional é negativa e a energia presa na massa (matéria) é positiva, elas se cancelam. O universo tinha (e tem) zero energia líquida. Portanto, foi possível que ele viesse a existir sem violar nenhuma regra da conservação de energia. Pode sumir da existência em algum momento futuro ou continuar a existir para sempre.

Disparado o relógio

Quando o espaço-tempo passou a existir com o Big Bang, começamos a contar o tempo a partir desse momento de tempo = 0 (ou T_0). Não podemos perguntar o que veio antes do Big Bang porque "antes" não significa nada. Isso não significa necessariamente que não havia nada, só que o Big Bang reiniciou tudo.

Pode ter havido versões prévias do universo ou de muitos universos, reciclados como o Big Bang. Contudo, como nenhuma lei nem estado físico sobreviveria

> "Como os eventos anteriores ao Big Bang não têm consequências observacionais, pode-se cortá-las da teoria e dizer que o tempo começou no Big Bang."
>
> Stephen Hawking, 2014

OS PRIMEIROS MICROMOMENTOS

Forças drásticas ainda estão em ação no universo, como mostra essa fotografia da colisão das galáxias das Antenas.

a esse momento, nunca saberemos nada sobre eles.

O universo continua: a era de Planck

Considera-se que, até cerca de $5,4 \times 10^{-44}$ segundos, as leis da física não se aplicavam ao minúsculo universo nascente. O máximo que a física pode oferecer é que o universo começou a existir como resultado de flutuações quânticas no vácuo, embora até "vácuo" seja difícil de entender quando não

há espaço-tempo. Acredita-se que a gravidade quântica predominava durante a era de Planck, mas, como não temos nenhuma teoria coerente da gravidade quântica, na verdade, é como dar um nome bonito a "não sabemos".

Temos de deixar aquele primeiro 10^{-44} de segundo como um mistério por enquanto.

O que temos daquele primeiro momento do universo são algumas unidades de medida definidas por ele. O ponto em que o

CAPÍTULO 2

O quilograma foi a última unidade do Sistema Internacional a ter padrão físico, um cilindro de irídio-platina. Em 2019, ele foi substituído por uma definição que o liga à constante de Planck e à velocidade da luz.

Max Planck é considerado um dos maiores físicos que já viveram. O seu trabalho revolucionou a nossa compreensão das partículas e da energia.

espaço-tempo começou a existir também é o ponto em que podemos começar a medi-lo.

Unidades naturais e o início do espaço-tempo

Quando medimos as coisas — altura, temperatura, tempo, por exemplo —, usamos unidades. As primeiras medidas de comprimento se baseavam em partes do corpo humano, como a distância entre a mão e o cotovelo e o comprimento do pé. Para serem úteis, as unidades têm de ser padronizadas (o meu pé pode ser menor do que o seu, e assim combinamos um padrão, como o comprimento do pé do imperador). As unidades baseadas num padrão só são úteis quando este é conhecido e está disponível. Quando querem medir coisas fundamentais, os físicos tentam usar "unidades naturais". Elas não se baseiam em nada que exija um padrão e são universais. A velocidade da luz, dada como c, é uma unidade natural. Quando a damos em km/s, a velocidade é a mesma, mas não se exprime mais numa unidade natural. Se pedirmos a um extraterrestre que envie algo a 300 km/s, isso não fará sentido para ele. Pedir-lhe que mande com a velocidade da luz será inequívoco. Eles podem pensar em coirelas por nanodia ou quaisquer que sejam as suas unidades, mas ainda será a velocidade da luz. Há cinco unidades naturais que os físicos usam quando falam do início da história do universo, e a velocidade da luz é uma delas.

As unidades de Planck são assim chamadas em homenagem ao físico alemão Max Planck, que publicou as suas ideias sobre unidades naturais em 1899. O primeiro sistema foi imaginado pelo físico irlandês George Johnstone Stoney em 1874 e por isso foi chamado de escala de Stoney. Ele percebeu que a carga elétrica é quantizada, isto é, vem em pacotinhos indivisíveis de um tamanho fixo. E descobriu que conseguia derivar unidades naturais para comprimento, massa e tempo, padronizando como 1 os

OS PRIMEIROS MICROMOMENTOS

> "Essas necessariamente mantêm o seu significado por todos os tempos e em todas as civilizações, mesmo as extraterrestres e não humanas, e, portanto, podem ser definidas como 'unidades naturais'."
>
> Max Planck, 1899

valores da velocidade da luz (c), a constante gravitacional (G) e a carga do elétron (e). A meta era simplificar coisas que seriam bastante complicadas. Uma expressão da velocidade da luz como 299.792.458 m/s fica obviamente mais simples se essa velocidade for simplesmente escrita como "1". Planck não incluiu nenhuma unidade eletromagnética no seu sistema, mas derivou unidades naturais de comprimento, tempo, massa e temperatura. É claro que fez isso muito antes que alguém tivesse alguma concepção dos primeiros nanomomentos do universo.

Unidades de Planck e tempo = 0

Várias unidades de Planck são definidas pela era de Planck, que termina em 10^{-44} s. As unidades de Planck são estabelecidas como 1 nesse momento.

- O comprimento de Planck é o diâmetro do universo no fim da era de Planck, que se traduz como $1,62 \times 10^{-35}$ m.

O físico irlandês George Johnstone Stoney utilizou a palavra "elétron" como "unidade fundamental de eletricidade".

QUANDO T = 0?

Se for eterno e infinito, o universo não tem idade. Mas a teoria do Big Bang provoca a pergunta: quando? Os cálculos significativos só puderam começar no século XX, usando dois métodos: procurar as estrelas mais antigas e calcular, a partir da taxa de expansão do universo, quando ele deve ter começado. Os melhores números obtidos a partir da medição da radiação cósmica de fundo em micro-ondas foram 13,772 ± 0,059 bilhões de anos, calculado em 2012, e 13,813 ± 0,038 bilhões de anos, calculado em 2013. A parte menor do número de 2013 fica dentro da faixa de 2012, e tudo parecia bom. As estimativas a partir da idade das estrelas foram um pouco diferentes até 2019. Então, novas medições baseadas em dados recolhidos pelo Telescópio Espacial Hubble sugeriram que o universo poderia ser um bilhão de anos mais novo. Os astrofísicos ainda tentam descobrir qual é o número correto, se é que há, e se precisamos ajustar o nosso modelo da evolução do universo.

CAPÍTULO 2

CALOR E FRIO EM KELVIN
Os físicos medem a temperatura em kelvin (K) em vez de graus Celsius (centígrados). A unidade é exatamente a mesma que 1°C, mas a base é o zero absoluto, a menor temperatura possível, que é –273,15°C. Assim, o ponto de fervura da água é 373,15 K. (Não se usa o símbolo de grau nas temperaturas em kelvin.) O zero absoluto é a temperatura mais fria teoricamente possível por ser o ponto em que os átomos param de se mexer. Como não podem se mover menos do que não se mexer, nada pode ser mais frio.

- O tempo de Planck, a menor unidade significativa de tempo, é o necessário para um fóton percorrer a distância de Planck (atravessar o universo nascente com a velocidade da luz). Como viaja a aproximados 300.000 km/s, a luz não leva muito tempo para percorrer essa distância minúscula. O tempo de Planck é $5,39 \times 10^{-44}$ s.

Essas medidas são pequeníssimas, mas a temperatura de Planck é enorme.

- A temperatura de Planck representa a temperatura do universo no fim da era de Planck, que se traduz em $1,41 \times 10^{32}$ kelvin (K).

A velocidade da luz, geralmente considerada a mesma o tempo todo, é hoje e era no fim da era de Planck 299.792.458 m/s.

O fim de uma era
No fim da era de Planck, tudo foi estabelecido como 1: o tempo de Planck, o comprimento de Planck, a temperatura de Planck e a velocidade da luz. No início, o comprimento de Planck era 0 e a temperatura, infinita. Entrementes, os cosmólogos sugerem que as quatro forças fundamentais que mais tarde estruturariam o universo estavam combinadas numa força única. A física só se tornou capaz de modelar algo do universo no fim da época de Planck. Nesse momento, quando a temperatura caiu para 10^{32} K, a gravidade, primeira das forças, se "congelou" e se separou da força unificada. A densidade do universo era de espantosos 10^{94} gramas por centímetro cúbico.

Tudo desmorona
A era da Grande Unificação se seguiu à era de Planck. Foi de 10^{-43} a 10^{-36} de segundo. Os cosmólogos acreditam que, nesse

CONSTANTES INCONSTANTES
Vários físicos sugeriram que as "constantes" em que se baseiam os cálculos cosmológicos e outros talvez não sejam realmente constantes. E se a velocidade da luz fosse maior ou menor no passado? Saberíamos? Como descobrir? E teria importância? Teorias que sugerem a inconstância de constantes surgem de vez em quando, mas a maioria dos cientistas as vê com certo grau de ceticismo. George Gamow (ver a página 23) escreveu uma série de livros populares sobre ciência que contavam as aventuras de Mr. Tompkins, nos quais algumas constantes universais mudavam. Na primeira história, Mr. Tompkins entra num mundo onírico onde a velocidade da luz é de 4,5 m/s.

OS PRIMEIROS MICROMOMENTOS

SINTA AS FORÇAS

Há quatro forças naturais básicas: gravidade, força nuclear forte, força nuclear fraca e força eletromagnética.

- A gravidade atua entre objetos com massa e os atrai. Mantém os planetas em órbita em torno do Sol. A gravidade, sempre evidente, foi descrita em termos matemáticos pela primeira vez por Isaac Newton nos *Principia mathematica*, publicados em 1687.

- A força nuclear forte é a mais forte das quatro forças naturais. Mantém unidas as partículas subatômicas e funde quarks para formar partículas maiores (ver a página 42). O comportamento da força forte foi descrito no início da década de 1970, antes de confirmada a existência de quarks e glúons (partículas elementares que mantêm os quarks unidos).

- A força nuclear fraca também é mais forte do que a gravidade, mas só opera em distâncias pequeníssimas entre partículas subatômicas. Está envolvida no decaimento radiativo, alimenta as estrelas e cria elementos (ver a página 38). Foi proposta pelo físico ítalo-americano Enrico Fermi em 1933 e demonstrada experimentalmente nas décadas de 1970 e 1980.

- A força eletromagnética opera entre partículas com carga elétrica. Mantém os elétrons em órbita dentro do átomo e forma laços entre átomos. O eletromagnetismo foi adequadamente descrito pela primeira vez por James Clerk Maxwell em 1873.

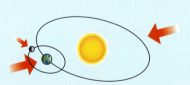
A força gravitacional une o sistema solar

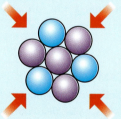
A força forte une o núcleo

A força fraca está envolvida no decaimento radiativo

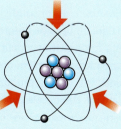
A força eletromagnética une os átomos

CAPÍTULO 2

momento, as três forças remanescentes — a forte, a fraca e a eletromagnética — ainda estavam combinadas. Eles chamam essa combinação de forças de força eletronuclear.

No fim da era da Grande Unificação, a força nuclear forte se libertou das outras duas, deixando apenas as eletrofracas (as forças fraca e eletromagnética) como força unificada. Em 1968, Sheldon Glashow, Abdus Salam e Steven Weinberg conseguiram criar uma força eletrofraca obrigando as forças fraca e eletromagnética a se unirem sob condições extremas de energia. Isso provou que as forças fraca e eletromagnética são aspectos diferentes da mesma coisa e que, em temperaturas altíssimas, podem se combinar.

A temperatura no fim da era da Grande Unificação era de 10^{27} K, e o universo ainda era menor do que um único quark, o menor componente de uma partícula subatômica. A separação da interação nuclear forte provocou a era Inflacionária, em que as coisas

O físico paquistanês Abdus Salam dividiu o Prêmio Nobel de 1979 com Sheldon Glashow pelo trabalho dos dois sobre a força eletrofraca. Foi a primeira pessoa de um país muçulmano a ganhar um Prêmio Nobel de ciência.

começam a ficar empolgantes e o universo se expandiu imensamente numa minúscula fração de segundo.

Hiperinflação

Embora o universo se expandisse nas duas primeiras eras, não foi uma expansão muito rápida. Se tivesse continuado no mesmo ritmo, ainda não seria muito grande, relativamente falando. Mas a dissociação da força forte liberou um novo tipo de energia que levou a uma expansão breve, mas exponencial. O diâmetro do universo aumentou por um fator de 10^{26} no período infinitesimal entre 10^{-36} e 10^{-33} de segundo. É um nível de expansão inconcebível: como se algo com a largura de uma molécula de DNA (2 nanômetros) se expandisse até 200 trilhões de quilômetros, ou mais de vinte anos-luz. Aumentar a dimensão linear por um fator

---

COMEÇAM OS BÓSONS

Os bósons são partículas fundamentais que transportam energia. São diferentes dos férmions, que são as partículas que formam a matéria. Os bósons de calibre, também chamados de partículas de força, mediam as forças, ou seja, produzem as forças identificadas na física. Há quatro tipos de bóson: os fótons produzem a força eletromagnética e são responsáveis pela luz, pelas micro-ondas e assim por diante; os glúons produzem a força forte e atuam como cola, unindo os quarks nas partículas subatômicas; e os bósons W e Z produzem a força fraca envolvida no decaimento radiativo.

OS PRIMEIROS MICROMOMENTOS

de 10^{26} aumentou o volume em 10^{78}. No começo, o universo era tão minúsculo que ainda estava longe de ser imenso no fim da inflação cósmica. Alguns teóricos o calculam com o tamanho de um grão de areia no fim da era Inflacionária, enquanto outros dizem que era do tamanho de uma toranja ou de uma bola de basquete, ou até com alguns metros de diâmetro. Nada disso é muito diferente nesse tipo de escala.

Proposta de crescimento

A era Inflacionária foi proposta em 1980 pelo físico e cosmólogo americano Alan Guth (n. 1947). Ele procurava soluções para o problema da "planicidade" — o formato aparente do universo (ver a página 199). Guth modelou um universo que passou por um período brevíssimo de superesfriamento, que produziu uma expansão quase exponencial que ele chamou de "inflação cósmica". O seu modelo se baseava na noção de que a gravidade pode se tornar uma força de repulsão, conhecida como falso vácuo, em densidades extremamente altas. A energia do falso vácuo empurra as partes do universo para longe umas das outras e produz a inflação.

O físico teórico americano Alan Guth propôs a teoria inflacionária quando era um jovem cientista pesquisador.

TODO OU PARTE?

A teoria da inflação cósmica e praticamente tudo o mais na cosmologia se aplica ao universo observável. Pode haver mais universo além do que é observável, mas não temos conhecimento dele e nenhum modo de saber o seu verdadeiro tamanho. É relativamente improvável que possamos ver o universo todo; para isso, precisaríamos estar bem no seu centro (para observar a mesma distância em todas as direções).

O universo observável é uma esfera com 93 bilhões de anos-luz de diâmetro. Embora o universo só tenha 12,5 a 13,8 bilhões de anos, podemos observar objetos a 46,5 bilhões de anos-luz, na borda do universo observável. Isso acontece porque a luz de objetos a 46,5 bilhões de anos-luz de distância começou sua jornada na nossa direção quando o universo era muito menor, e assim teve tempo de nos alcançar.

CAPÍTULO 2

Essa teoria resolveu vários problemas, inclusive os da planicidade e da homogeneidade. A homogeneidade do universo observável incomodava os cosmólogos. Embora vasto, o universo parece praticamente o mesmo em todos os lugares, em termos da radiação cósmica de fundo em micro-ondas (ver a página 58) e da distribuição da matéria (em grande escala). As partes do universo ficam afastadas demais para essa homogeneidade ser explicada sem a teoria da inflação cósmica. No modelo de Guth, a expansão foi tão rápida que a homogeneidade densa do universo minúsculo não teve tempo de se desestruturar com a expansão, e assim o universo simplesmente se tornou igualmente homogêneo, só que mais espaçado.

Mais veloz do que a luz... sem se mover

A princípio, a ideia de que o universo pode ter se expandido mais depressa do que a velocidade da luz durante a era Inflacionária parece absurda, porque nada (de acordo com Einstein) pode se mover mais depressa do que a luz. Mas na verdade a expansão não exige que nada se mova. O espaço simplesmente aumenta, e os objetos do espaço que se separam em consequência disso na verdade não se movem; só ficam mais afastados. O resultado é que áreas do espaço que eram adjacentes antes da inflação podem ficar tão separadas depois dela que é impossível informações ou energia se moverem de uma a outra. Elas ainda estão se separando, e a velocidade da luz é baixa demais para que um fóton chegue ao destino que se afasta.

Um novo campo — brevemente

Não se sabe com exatidão o que alimentou a inflação. Uma teoria é que a dissociação da força forte produziu um campo temporário mediado por um tipo esquisito de bóson nunca mais visto chamado de "infláton". Infláton é o nome dado tanto ao bóson quanto ao campo. Ele não fazia parte do modelo inflacionário original de Guth, mas foi acrescentado depois para torná-lo mais coerente e evitar alguns problemas. O infláton pode ter alimentado a inflação no breve tempo que durou; depois, decaiu. Com o seu decaimento, povoou o universo com matéria e radiação. Em outro modelo possível, a inflação parou em áreas localiza-

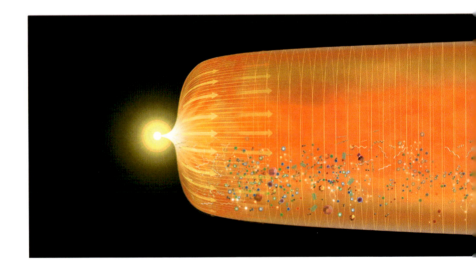

OS PRIMEIROS MICROMOMENTOS

das, inclusive no nosso universo observável, mas continuou fora dele e entre universos (ver a página 203).

Esticar o vazio

Lembre-se de que, no começo da era Inflacionária, ainda não havia matéria no universo, só campos quânticos. Podemos pensar nos campos quânticos como produtores de um tipo de zumbido de fundo, um nível de vibração no vácuo. Há desigualdades minúsculas, pois os campos não são distribuídos de maneira totalmente homogênea. Quando expandiu o espaço em que os campos existiam, a inflação expandiu até os calombos e agitações produzidos pelo campo, tornando-os muito maiores. Em alguns lugares, os campos eram mais intensos do que em outros. Como a expansão foi muito rápida, regiões que antes eram adjacentes ficaram tão afastadas que nunca mais conseguiriam se comunicar. Ficaram todas efetivamente isoladas. Em termos gerais, a estrutura ainda era homogênea, mas em escala menor; a homogeneidade era formada de variações locais minúsculas que se igualavam na escala maior. Mais tarde, isso seria importantíssimo: pequenos calombos e desigualdades produziriam a estrutura granulada do universo e determinariam o posicionamento de grupos de galáxias e tudo o mais.

O começo das coisas

No fim da era Inflacionária, a imensa energia potencial do campo de inflação foi liberada, reaqueceu o universo e o povoou com as primeiras partículas de matéria: um plasma quentíssimo de quarks, léptons e as antipartículas correspondentes. Essa foi a era Quark, que durou até o fim do primeiro milionésimo de segundo, 10^{-6} s, uma escala de tempo quase compreensível.

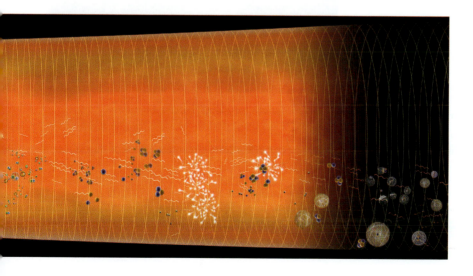

A inflação cósmica é representada pelo alargamento súbito do cone perto do começo dessa cronologia do início do universo. Ele continua a se expandir, mas num ritmo mais lento, depois da inflação.

CAPÍTULO 2

Da energia à matéria

No início da era Quark, a temperatura tinha caído para cerca de dez quatrilhões (10^{16}) de graus. Ainda era quente demais para a matéria normal se formar, mas não para os precursores da matéria. A energia do colapso do campo de inflação encheu o universo instantaneamente com uma "sopa" ou plasma quente e denso de partículas elementares. Era formado por diversos quarks, glúons, léptons e os seus opostos — as partículas correspondentes de antimatéria, antiquarks e antiléptons (ver o quadro abaixo). As partículas tinham tanta energia que, nas colisões, não se grudavam para formar partículas maiores. Em vez disso, elas rompiam os quarks e, em consequência, produziam novas partículas. Essas partículas são chamadas de "exóticas" pelos físicos. Entre elas, havia os bósons W e Z, talvez o bóson de Higgs e os glúons.

INGREDIENTES DA SOPA

As partículas elementares da sopa eram quarks, léptons e elétrons.

- Os quarks são os componentes das partículas subatômicas (prótons e nêutrons). Cada próton e cada nêutron são feitos de três quarks. Os quarks têm seis "sabores" (tipos) e formam três pares: up e down, strange e charm e top e bottom. Cada um tem um quark correspondente de antimatéria, chamado de antiquark. Os quarks têm carga elétrica, como veremos mais adiante.

- Os glúons, como indica o nome em inglês, atuam como um tipo de cola (glue) subatômica. São bósons que mediam a força nuclear forte e mantêm juntos os quarks que formam prótons e nêutrons.

- Os léptons podem ser carregados ou neutros. Não são afetados pela força forte (fornecida pelos glúons). Há seis tipos de lépton. Os três léptons com carga são o elétron, o tau e o múon (semelhantes ao elétron, mas com mais massa). Os três léptons neutros são neutrinos e têm massa zero ou pequeníssima.

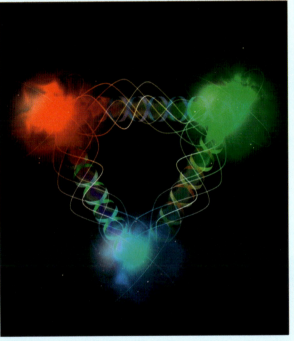

Três quarks unidos por glúons formam um núcleon.

OS PRIMEIROS MICROMOMENTOS

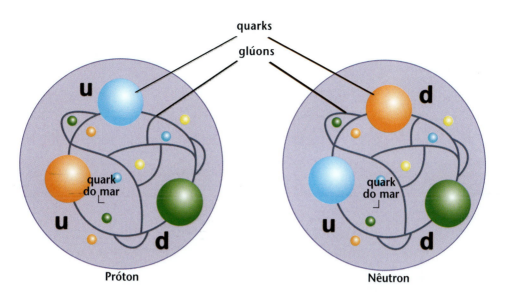

Dentro dos prótons e nêutrons, os glúons mantêm unidos os três quarks de valência. Os glúons se desintegram constantemente em "quarks do mar" temporários e voltam a se formar. Os quarks do mar são pares virtuais de quark e antiquark.

A grudação

A principal diferença entre quarks e léptons é que os quarks são afetados por todas as quatro forças fundamentais, mas os léptons não são afetados pela força forte. Talvez não pareça uma grande diferença (é só uma das quatro forças), mas faz os quarks se unirem de forma irrevogável na essência da matéria ordinária, enquanto os léptons conseguem escapar.

Os elétrons são léptons e um ingrediente vital da matéria atômica, mas podem ser arrancados do átomo com bastante facilidade (quando ele fica ionizado, por exemplo). Os quarks não podem ser removidos da matéria em que estão inseridos. Depois de grudados, ficam lá praticamente por toda a eternidade.

Embora os quarks existissem desde o primeiro milionésimo de segundo, ninguém sabia deles até o século XX. Foram propostos de forma independente em 1964 por dois físicos, o americano Murray Gell-Mann e o russo-americano Georg Zweig. Na época, acreditava-se geralmente que partículas chamadas hádrons, que incluem os prótons e nêutrons, eram fundamentais, isto é, não podiam ser decompostas. Gell-Mann e Zweig propuseram que os hádrons são formados por partes menores (quarks), com *spin* e carga elétrica. Seriam três tipos de quark: up, down e strange. Meses depois, acrescentou-se mais um: charm. A primeira prova da existência dos quarks surgiu em 1968, quando o trabalho no Stanford Linear Accelerator Center revelou que os prótons não são fundamentais e contêm objetos muito menores, semelhantes a pontos.

Elétrons, mais fáceis de ver

Embora haja pouca evidência dos quarks e fosse preciso caçá-los com certa determi-

CAPÍTULO 2

Representação artística de um elétron orbitando o núcleo do átomo. O núcleo é o corpo cinzento distante (extrema direita).

nação, os elétrons foram avistados muito antes. Foram a primeira partícula subatômica a ser descoberta, encontrada antes mesmo que se confirmasse a existência dos átomos.

A ideia de que a carga elétrica pode ser dividida em pacotes elétricos discretos foi sugerida pela primeira vez por George Johnstone Stoney, em 1874 (ver a página 35). Ele propôs uma "quantidade única definida de eletricidade" igual à carga de um íon monovalente (isto é, um íon com carga 1) e criou o nome "elétron" em 1894. Stoney achava que as cargas estavam irre-

QUARK OU QUORK?

A palavra "quark" é tirada de uma frase de *Finnegan's Wake*, obra de ficção experimental de James Joyce. Murray Gell-Mann, que propôs o quark, explicou como a palavra foi adotada: "Em 1963, quando dei o nome 'quark' aos constituintes fundamentais do núcleon, pensei no som primeiro, sem a grafia, que seria *kwork*. Então, numa das minhas leituras ocasionais de *Finnegan's Wake*, de James Joyce, encontrei a palavra 'quark' na frase *"Three quarks for Muster Mark"* [três grasnidos para o Sr. Mark]. Como 'quark' (que significa, aliás, o grito de uma gaivota) devia claramente rimar com "Mark", assim como *"bark"* e outras palavras, tive de encontrar uma desculpa para pronunciar *"kwork"* [...] De vez em quando, ocorrem no livro expressões parcialmente determinadas por chamados para beber no bar. Portanto, argumentei que talvez uma das múltiplas fontes do grito *"Three quarks for Muster Mark"* fosse *"Three quarts for Mister Mark"* [três quartos de galão para o Sr. Mark], e nesse caso a pronúncia *kwork* não seria totalmente injustificada. De qualquer modo, o número três se encaixou perfeitamente no modo como os quarks ocorrem na natureza."

OS PRIMEIROS MICROMOMENTOS

cuperavelmente presas aos átomos e não poderiam existir de forma independente. Em consequência, não viu nenhuma conexão entre a carga elétrica quantizada que propôs e os raios catódicos (uma descoberta recente).

Em 1869, o físico alemão Johann Hittorf descobriu que passar eletricidade por um gás rarefeito produzia um brilho verde no cátodo (eletrodo negativo). O brilho aumentava quando a quantidade de gás presente diminuía. Ninguém sabia o que eram os raios catódicos, e as sugestões incluíram ondas, átomos ou algum tipo de molécula. Para investigar, Sir William Crookes fez tubos de raios catódicos na década de 1870. Foi durante o uso de um deles que o físico inglês J. J. Thomson identificou o elétron, a primeira partícula subatômica.

Em experiências com um ímã e um tubo de raios catódicos, Thomson constatou que o raio verde era formado de partículas com carga negativa que, segundo calculou, tinham cerca de um milésimo do peso de um íon de hidrogênio. A única maneira de explicá-las era que havia algo menor do que o átomo, algum tipo de partícula subatômica. Antes, os átomos eram considerados a menor parte possível da matéria. O nome "átomo" vem do grego *atomos* ou "incortáveis", cunhado pelos primeiros filósofos para propor os átomos no século V a.C. Thomson sugeriu que o átomo seria uma nuvem de material com carga positiva equilibrada pela carga negativa dos elétrons nela embutidos. Esse modelo do átomo passou a ser chamado de "pudim de passas".

Depois, Thomson demonstrou que os elétrons eram os mesmos, não importava o material usado como cátodo, e que as mesmas partículas podiam ser produzidas por materiais aquecidos ou iluminados e por material radiativo. Foi a primeira pista de que toda matéria é formada por componentes essencialmente idênticos; as variações são produzidas pelo número e pela configuração dos elétrons, prótons e nêutrons que formam os diversos tipos de matéria.

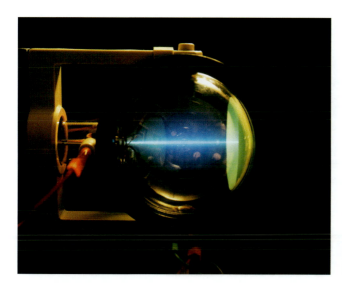

Num tubo de raios catódicos, um feixe concentrado de elétrons percorre o vácuo, atinge uma tela fosforescente e a faz brilhar.

CAPÍTULO 2

> **SOPA DE QUARKS**
>
> Os físicos ainda não sabem como a sopa de quarks funcionava ou se comportava, mas conseguiram fazer um pouco por conta própria. Isso foi conseguido pela primeira vez em 2000, no Relativistic Heavy Ion Collider (RHIC), no Brookhaven National Laboratory, em Nova York. Causaram-se colisões catastróficas usando aceleradores velozes de partículas e aquecendo os núcleos de átomos pesados, como ouro ou chumbo, até temperaturas além de 2 trilhões de graus centígrados e, então, jogando-os um contra o outro o mais depressa possível. Isso sacode e liberta quarks e glúons, recriando brevemente a sopa primordial de quarks e glúons antes que voltem a se fundir numa mistura de partículas aleatórias. A sopa é um líquido quase perfeito que flui com viscosidade praticamente zero.

Caroços na sopa: dos quarks aos hádrons

No fim da era Quark, em 10^{-6} s, a situação esfriara consideravelmente para 10^{16} K. O universo tinha mais ou menos o tamanho do nosso sistema solar, uns doze bilhões de quilômetros de diâmetro. O efeito do resfriamento reduziu a energia com que as partículas se chocavam. Quando caiu abaixo da energia de união, elas se grudaram. Os quarks ficaram presos para sempre, colados pelos glúons. Depois da sua era breve, mas gloriosa, eles trocaram um milionésimo de segundo de liberdade por bilhões de anos presos na matéria. O elétron permaneceu livre por 380.000 anos até que também se incorporou à matéria.

Os quarks que se grudaram formaram hádrons; assim, a era seguinte se chama era Hádron. Há duas classes de hádrons: os bárions e os mésons. Os bárions são formados por três quarks, enquanto os mésons, em geral, têm um quark e um antiquark.

A maior parte da massa de matéria comum no universo consiste de dois tipos de bárions: os prótons e os nêutrons.

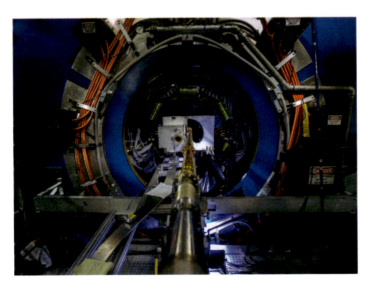

O detector STAR do Relativistic Heavy Ion Collider, onde quarks foram brevemente liberados da matéria em colisões com elevada energia.

OS PRIMEIROS MICROMOMENTOS

Juntos, eles formam o núcleo dos átomos. Supondo que a carga do elétron seja −1, a do próton é de +1; o nêutron não tem carga. Os primeiros bárions formados foram os prótons e antiprótons. Um próton é formado por dois quarks up e um quark down. Cada um dos quarks up tem uma carga de +2/3, o que dá +4/3, e o único quark down contribui com −1/3, dando como resultado +1. É a carga exatamente oposta ao −1 do elétron. O antipróton tem a mesma formação, mas usa antiquarks, e assim −4/3 + 1/3 = −1.

Um átomo de hélio tem dois prótons, dois nêutrons e dois elétrons. Cada próton e cada nêutron são formados por três quarks unidos por glúons. Os elétrons são léptons e não podem ser decompostos.

Limpeza do convés

Seria de se pensar que, se os prótons foram formados por colisões aleatórias entre quarks, haveria tantos prótons quanto antiprótons (tanto matéria quanto antimatéria). Como o encontro entre uma partícula de matéria e outra de antimatéria resulta em desastre (elas se aniquilam), isso causaria a inexistência de matéria no universo. Ou seja, a experiência de criar um universo seria breve, de no máximo um segundo. Para nossa sorte, havia aproximadamente 1.000.000.001 prótons para cada 1.000.000.000 antiprótons. Para cada bilhão de aniquilações mútuas, restava um próton. Esse processo — a formação de prótons e antiprótons e a destruição da maioria deles — se chama bariogênese porque é a formação (gênese) de matéria bariônica. É o tipo de matéria que forma as coisas no universo, das estrelas às lulas e à fita adesiva.

Rumo ao neutro

Os prótons têm uma carga positiva de +1e. Às vezes, um próton captura um elétron, que traz uma carga negativa de −1e, e assim a partícula fica com carga líquida zero. Esses prótons aprimorados são os nêutrons. No fim da era Hádron, havia cerca de um nêutron para cada sete prótons. Isso ditaria o equilíbrio dos elementos no universo. A maioria dos átomos tem mais ou menos o mesmo número de prótons e nêutrons no núcleo, mas só o hidrogênio não tem nêutrons. O núcleo de hidrogênio é um único próton. Havia montes de prótons sobrando durante a era Hádron, e o universo tem excesso de hidrogênio; ele é, de longe, o elemento mais abundante.

Os prótons e nêutrons não foram o único tipo de hádron a ser criado na era Hádron. Também havia os mésons, resultado da união de quarks e antiquarks. No

Visão final de uma colisão de íons de ouro no RHIC, que liberta quarks momentaneamente e imita o plasma de quarks e glúons do início do universo.

47

CAPÍTULO 2

> **A NATUREZA PREFERE A MATÉRIA À ANTIMATÉRIA?**
>
> Parece que o universo tem uma leve preferência pela matéria em relação à antimatéria — o que é útil, porque não estaríamos aqui se assim não fosse. Os resultados do acelerador de partículas Tevatron, nos EUA, analisados em maio de 2010 mostraram que o decaimento dos mésons B produzia cerca de 1% mais múons do que antimúons. (Os mésons B são formados por um quark up, down, charm ou strange combinado com um antiquark bottom.)

fim da era, o universo esfriara até um ponto (por volta de 10^{10} K) em que os neutrinos não podiam mais interagir com a matéria. Eles partiram sozinhos, zumbindo pelo universo sem mais nenhuma interação, e fazem isso até hoje.

Segundos, fora

A era Hádron terminou cerca de um segundo depois do Big Bang. Naquele primeiro segundo, seis eras se passaram; as quatro forças fundamentais se separaram; os quarks e léptons passaram a existir e alguns se grudaram para formar os primeiros bárions; muitos desses bárions se aniquilaram em colisões de matéria e antimatéria; a temperatura caiu de mais de 10^{32} K para 10^{10} K e o tamanho do universo se expandiu de menor do que um quark para maior do que o nosso sistema solar. Foi um primeiro segundo bem movimentado.

Regra dos léptons

A era seguinte, de longe a mais longa até então, durou do fim do primeiro segundo até cerca do fim do décimo — nove segundos inteiros! Foi a era Lépton. Depois que a maioria dos prótons e antiprótons se destruíram mutuamente, a maior parte da massa do universo se concentrou nos léptons (elétrons, múons, taus e os seus neutrinos correspondentes). Eles também apareceram como léptons e antiléptons.

Continuaram a ser produzidos até o fim da era Lépton. Nesse momento, a temperatura caíra a mero bilhão (10^9) K, e os léptons não puderam mais ser produzidos.

Os léptons e antiléptons se aniquilaram. Os elétrons e antielétrons (geralmente chamados de pósitrons) se cancelaram; em consequência, houve aproximadamente o mesmo número de elétrons e prótons. Com o avanço da era Lépton, a construção e a destruição aconteceu nos dois sentidos, com fótons gama produzindo pares elétron-pósitron (além de resultarem do falecimento dos pares). Também foram produzidos léptons mais pesados, que, no fim da era, tinham decaído em

> **ANTIÁTOMOS**
>
> Não há nada nas leis da física que impeça as antipartículas de se combinarem da mesma maneira que as partículas correspondentes. Isso significa que um antipróton e um pósitron podem se unir e produzir um antiátomo de hidrogênio. Em teoria, seria possível fazer antimoléculas de todos os tipos de antissubstâncias químicas, até do DNA, e montá-las em antiárvores, antizebras, antiplanetas etc. Na prática, é dificílimo fazer e sustentar a antimatéria, e a maior partícula produzida até agora é um antinúcleo de hélio. Mas talvez em outro universo a antimatéria predomine.

OS PRIMEIROS MICROMOMENTOS

elétrons e pósitrons, neutrinos e antineutrinos. Essas aniquilações matéria-antimatéria produziram muita energia extra. Quando um próton e um antipróton ou um elétron e um pósitron colidem e se destroem, a sua massa é liberada como energia (seguindo a equação de Einstein $E = mc^2$), numa mistura de fótons e neutrinos. Consequentemente, no fim da era Lépton havia cerca de um bilhão de fótons para cada próton ou nêutron.

Fótons a caminho

Quando as aniquilações acabaram, o universo era uma massa fervilhante de prótons, nêutrons, elétrons e fótons gama extremamente energéticos. Essa foi a era Fóton, que durou cerca de três minutos. Enquanto disparavam em alta velocidade, os fótons colidiam frequentemente com elétrons. Isso fazia os elétrons vibrarem, emitindo um fóton diferente em outra direção. Os fótons espalhavam elétrons para todo lado. Em consequência, não percorriam o espaço como raios de luz, como fazem quando uma luz se acende no ar limpo. Em vez disso, o universo era opaco; era como acender uma lanterna numa neblina cerrada.

Era nuclear

No fim da era Fóton, a temperatura baixara o suficiente para prótons e nêutrons se unirem e ficarem juntos. Foi a era da Nucleossíntese, quando se produziram os primeiros núcleos atômicos (além do hidrogênio). Durou uns 17 minutos.

O próton é o núcleo do átomo de hidrogênio. Quando se unem, um próton e um nêutron formam o hidrogênio pesado ou deutério. A carga ainda é +1, porque o nêutron não tem carga, mas a massa é o dobro do núcleo normal de hidrogênio. (O hidrogênio normal se chama prótio). O deutério foi o primeiro passo para construir matéria além de hidrogênio, num processo chamado nucleossíntese.

Num dia de neblina, há luz como sempre, mas não enxergamos nada porque o ar está opaco; os fótons ricocheteiam nas moléculas de água. Durante a era Fóton, eles ricocheteavam de forma parecida nos elétrons.

A nucleossíntese não parou no deutério. A princípio, o universo era tão quente que a energia média de cada partícula era maior do que a débil energia de união que mantinha nêutrons e prótons juntos. Isso significava que, assim que se formava, a partícula de deutério se separava de novo. Esse "gargalo do deutério" durou alguns minutos até o universo esfriar o bastante para o deutério se formar e permanecer intacto. Mas o deutério não é muito estável. Quando se

CAPÍTULO 2

HIDROGÊNIO PESADO

O deutério foi descoberto e batizado em 1931 pelo físico-químico americano Harold Urey. Mas ele o encontrou um ano antes da descoberta do nêutron, e a sua estrutura ficou obscura por algum tempo. Pouco depois de descobrir o deutério, Urey e outros produziram amostras de "água pesada", na qual o conteúdo de deutério foi bastante concentrado.

A maioria dos núcleos atômicos além do hidrogênio é feita nas estrelas, mas o deutério é uma exceção. A maior parte do deutério que existe foi produzida nos vinte primeiros minutos da vida do universo. Na verdade, o deutério é destruído no centro das estrelas com mais rapidez do que é produzido, e provavelmente sua quantidade está diminuindo.

Harold Urey ganhou o Prêmio Nobel de Química em 1934 pela descoberta do deutério.

encontravam e se grudavam, dois núcleos de deutério formavam um núcleo de hélio, com dois prótons e dois nêutrons. A maior parte do deutério que se formou se fundiu imediatamente em hélio. No fim da era, havia apenas uns 26 átomos de deutério para cada milhão de átomos de prótio. Essa é a razão ainda encontrada em gigantes gasosos como Saturno.

Avançando

A maior parte do material produzido no fim da era da Nucleossíntese estava presente como hidrogênio e hélio. Também havia o

OS PRIMEIROS MICROMOMENTOS

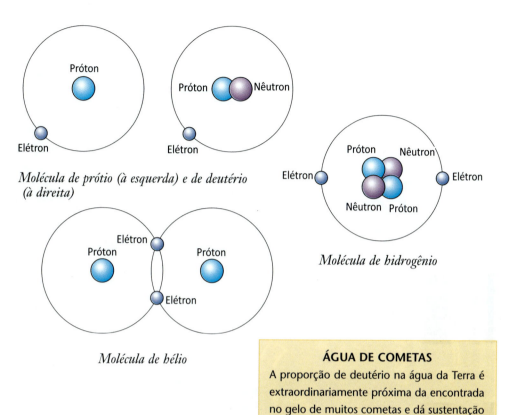

Molécula de prótio (à esquerda) e de deutério (à direita)

Molécula de hidrogênio

Molécula de hélio

ÁGUA DE COMETAS
A proporção de deutério na água da Terra é extraordinariamente próxima da encontrada no gelo de muitos cometas e dá sustentação à teoria de que boa parte dela foi trazida por cometas no início da história da Terra.

elemento seguinte na Tabela Periódica, o lítio, e uma quantidade minúscula de berílio. Os quatro elementos estavam presentes em isótopos extras (núcleos com número diferente de nêutrons): He-3 (hélio com dois prótons mas um só nêutron em vez de dois), Li-7 (lítio com quatro nêutrons em vez de três), Be-7 (berílio com três nêutrons em vez de quatro) e uma quantidade minúscula de um isótopo instável de hidrogênio chamado trítio (com um próton e dois nêutrons).

Os elementos mais pesados (e quase todo o lítio e o berílio) foram criados muito depois. Por sorte, com o imenso excesso de prótons houve material suficiente para trabalhar quando chegou a hora.

No fim da era da Nucleossíntese, todo o material atômico nuclear que viria a se formar já existia. Mais tarde, alguns núcleos se combinariam em elementos mais pesados, mas agora o universo possuía toda a sua matéria básica. Os prótons e nêutrons de cada átomo do seu corpo e de tudo que nos cerca já existiam na época em que o universo tinha apenas 17 minutos de vida.

CAPÍTULO 3

ESCURIDÃO VISÍVEL

"Mas luz nenhuma dessas flamas se ergue; vertem somente escuridão visível."

John Milton,
Paraíso perdido, livro 1

Longe de parecer uma grande explosão ígnea, como costuma ser representado, o Big Bang não foi nada visível (mesmo que houvesse seres com olhos para vê-lo). Os fótons produzidos nos primeiros segundos estavam presos, ricocheteando de um lado para o outro, e, durante 379.000 anos, não escaparam.

"E Deus disse: faça-se a luz — e a luz se fez." A história da Criação no Antigo Testamento mostrada em vitral na igreja de Notre-Dame, em Dinant, na Bélgica.

CAPÍTULO 3

Uma batalha cósmica

Ao mesmo tempo que os núcleos dos elementos mais leves se formavam durante a nucleossíntese, outra era começava. A Nucleossíntese se sobrepõe à era Fóton. As eras mais antigas duraram frações de segundo, e a nucleossíntese, com cerca de 17 minutos, parece quase infinitamente mais longa comparada a elas. A era Fóton durou de uns 10 segundos até 379.000 anos — cerca de um trilhão de vezes mais longa do que todas as eras anteriores somadas.

Embora todos os núcleos atômicos estivessem fixados no fim da era da Nucleossíntese, o equilíbrio de energia e matéria do universo ainda pendia bastante a favor da energia. A maior parte dos bárions e boa quantidade dos léptons que apareceram foram aniquilados por encontros com as antipartículas correspondentes, o que produziu um grande excedente de fótons e neutrinos. Antes, havia cerca de um bilhão de fótons para cada núcleon (próton ou nêutron); agora que alguns núcleons tinham se combinado, a razão ficou ainda mais favorável para os fótons.

A maior parte da massa do sistema era de fótons, cuja massa minúscula era mais do que compensada pelo número imenso.

Perda de energia

O universo ainda se expandia, e assim fótons e matéria (núcleons) ficaram ainda mais espalhados. Com a expansão, o comprimento de onda dos fótons se alongou; isso, por sua vez, reduziu a sua energia. É o

MATÉRIA E ENERGIA

A equação $E=mc^2$, de Albert Einstein, nos diz que massa e energia são intercambiáveis. Na equação, E é energia, m é massa e c, a velocidade da luz. A energia de um fragmento de matéria é igual à sua massa vezes a velocidade da luz ao quadrado (que é um número muito grande). Essa é a energia que seria liberada com a destruição completa da matéria, dilacerando os átomos. Isso é possível porque, em última análise, as partículas que formam a matéria são bolhinhas, nuvens ou cordas de energia. Não pensamos numa mesa como feita de energia, pensamos nela como matéria. Mas os átomos que a constituem são redutíveis a energia. Quando falam da razão energia:matéria do universo, os cientistas querem dizer as coisas que são energia pura que não esteja presa a nenhuma matéria em relação às coisas que pensamos como matéria — tudo o que tem extensão no espaço, seja como próton, seja como trem, lua, árvore ou nuvem de gás.

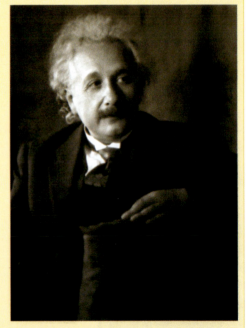

A famosa equação de Einstein na teoria da relatividade especial produz a noção espantosa de que, em essência, matéria e energia são a mesma coisa.

ESCURIDÃO VISÍVEL

mesmo desvio para o vermelho que vemos quando a luz é emitida por um objeto que se afasta de nós (ver a página 21). A expansão do espaço não tem impacto equivalente sobre a matéria.

Em algum momento por volta de 70.000 anos depois do Big Bang, a expansão custou tanta energia aos fótons que o equilíbrio virou a favor da matéria. O equilíbrio mudou de novo há uns 5 a 6 bilhões de anos, e agora a energia — mais especificamente, a energia escura — predomina outra vez (ver a página 196).

Ironicamente, o universo cheio de fótons era escuro. O plasma de matéria espalhava os fótons, fazendo-os ricochetear entre as partículas mais ou menos do mesmo jeito que a neblina espalha a luz, com o resultado de que o universo era opaco. Também ainda era quente demais, e o bombardeio implacável de fótons impedia que os núcleos e elétrons que colidiam se juntassem. Os impactos com elevada energia os levavam a se separar outra vez.

Fazer átomos e luz

O universo continuou a se expandir e esfriar, o comprimento de onda dos fótons continuou a diminuir e o seu nível de energia caiu de forma correspondente. Finalmente, por volta de 379.000 anos depois do Big Bang, as colisões entre partículas não eram mais tão cheias de energia e, finalmente, os núcleos atômicos conseguiram capturar e manter os elétrons. Nesse processo, chamado recombinação, criaram-se os primeiros átomos. Ao mesmo tempo, o universo ficou transparente, pois agora os fótons conseguiam passar por ele sem serem atrapalhados. Nesse momento, o universo tinha o tamanho da Via Láctea e a temperatura estava por volta de 3.000 K.

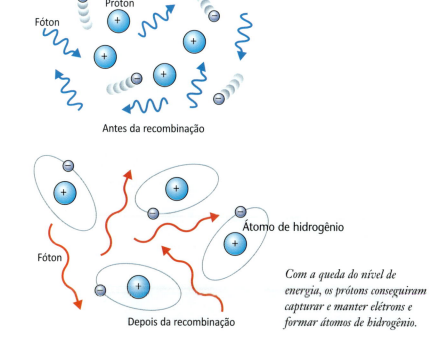

Com a queda do nível de energia, os prótons conseguiram capturar e manter elétrons e formar átomos de hidrogênio.

Reunião

Os prótons têm carga positiva e os nêutrons não têm carga; assim, cada núcleo atômico formado durante a nucleossíntese tinha carga positiva equivalente ao número de prótons que possuísse. O hidrogênio tinha carga +1, o hélio, +2, o lítio, +3 e o berílio, +4. Não há núcleo estável com cinco prótons. Isso significava que não havia como dar o salto para +6 (carbono) e continuar com núcleos maiores, e o berílio foi o maior núcleo formado na nucleossíntese inicial.

Todos os elétrons tinham a mesma carga negativa de –1. Embora haja uma atração eletromagnética natural entre a matéria positiva e negativa, as colisões do início do universo tinham tanta energia que as partículas simplesmente ricocheteavam. Assim que a energia caiu o suficiente para a atração vencer, os núcleos agarraram exatamente o número de elétrons necessário para equilibrar as suas cargas positivas, e nasceram os primeiros átomos.

Agora, os átomos eram neutros: não tinham carga. Isso significava que os fótons não interagiam mais intensamente com eles e foram liberados, num processo chamado de dissociação de fótons, para ir aonde quisessem. Foi o fim da era Fóton, também chamada de era da "última dispersão", pois os fótons não se espalhavam mais aleatoriamente pela matéria carregada do universo. Puderam se mover mais livremente, e o universo ficou transparente. Os fótons liberados passaram a formar a radiação cósmica de fundo em micro-ondas (ver a página 58), que ainda examinamos hoje.

Elétrons etc.

Como vimos, J. J. Thomson descobriu o elétron, primeira partícula subatômica, em 1897. O seu modelo de átomo punha os elétrons passeando aleatoriamente por uma nuvem de carga positiva e logo foi derrubado.

Em 1909, o físico Ernest Rutherford, nascido na Nova Zelândia, trabalhava em Manchester, na Inglaterra, examinando a radiação. Ele delegou as partes mais tediosas da pesquisa a Ernest Marsden, estudante de doutorado. Marsden foi encarregado

J. J. Thomson com os seus alunos no Cavendish Laboratory, Cambridge, Reino Unido. Ernest Rutherford é o quarto a partir da esquerda na segunda fila; Thomson está sentado de braços cruzados no meio da primeira fila.

ESCURIDÃO VISÍVEL

de disparar, numa folha fina de ouro no vácuo, as partículas alfa produzidas pelo decaimento radiativo do rádio e traçar as suas trajetórias. Espantosamente, ele constatou que uma pequeníssima proporção de partículas era refletida em ângulos bem grandes e algumas até em 180°. De acordo com o modelo do átomo de Thomson, isso seria completamente impossível. A nuvem difusa de carga negativa não poderia produzir uma força de repulsão tão forte. A única conclusão era que o modelo devia estar errado.

Rutherford construiu um novo modelo do átomo no qual toda a carga positiva se concentrava num centro muito pequeno (o núcleo); os elétrons estavam fora dele, orbitando a alguma distância, de modo que a maior parte do átomo era espaço vazio. As poucas partículas alfa que chegavam perto demais do núcleo com carga positiva eram rechaçadas. O resto passava direto pelo espaço vazio do átomo. Rutherford publicou a sua descoberta da presença de prótons no núcleo em 1919, embora publicasse os achados iniciais em 1911. Em 1913, o físico dinamarquês Niels Bohr aprimorou o modelo. Ele propôs que os elétrons não perambulavam aleatoriamente em torno do núcleo, mas orbitavam em cascas ou orbitais designados, assim como os planetas giram em torno de uma estrela em órbitas fixas.

Um salto quântico

Na década de 1920, os orbitais foram ligados a níveis de energia. A localização do elétron em relação ao núcleo é limitada pela sua quantidade de energia. Se receber mais energia (de um fóton), ele pode pular de um nível até outro orbital. Se cair um nível, o elétron libera energia, novamente sob a forma de um fóton. Essa descoberta se mostrou importantíssima para interpretar o espectro das estrelas e de outros objetos. O pulo minúsculo de um orbital a outro é o chamado salto quântico. Ao contrário do uso popular, é o menor passo que se pode dar.

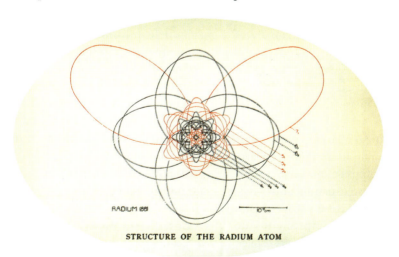

Diagrama de Bohr da estrutura do átomo de rádio, de 1926, mostra os diversos formatos dos orbitais dos seus 88 elétrons.

CAPÍTULO 3

O nêutron

Em 1932, o físico inglês James Chadwick descobriu que o núcleo também abriga partículas sem carga chamadas nêutrons. A descoberta do nêutron explicou a diferença entre dois números importantes na química: a massa atômica e o número atômico. Também abriu caminho para aproveitar o poder nuclear, porque bombardear átomos com nêutrons pode dividi-los e liberar uma quantidade imensa de energia.

Em 1932, James Chadwick descobriu o nêutron usando essa pequena câmara de ionização. Ela detectava prótons disparados da parafina por um facho de nêutrons gerado por berílio irradiado.

Ondas cósmicas ao fundo

A dissociação dos fótons os deixou livres para correr em todas as direções. Essa explosão súbita de energia, por assim dizer, é o "relâmpago" do Big Bang. Só teve de esperar quase 380.000 anos para escapar.

A expansão e o resfriamento do universo não pararam nesse ponto, é claro. Enquanto os fótons se moviam, o espaço continuava a se expandir entre eles, o universo continuava a esfriar. Assim como aumentou o comprimento de onda dos fótons, a expansão do espaço continua a fazer isso desde então. Hoje, os fótons têm o comprimento da radiação de micro-ondas. Eles se espalham pelo universo observável, presumivelmente além dele, e formam a RCF, que é, efetivamente, um "fóssil" do estado energético inicial do universo, logo depois do Big Bang. Hoje, ela é mais "brilhante", com um comprimento de onda por volta de 2 mm (micro-ondas); a luz visível tem um comprimento de onda quatro mil vezes menor. Esse comprimento continuará a aumentar até o ponto em que, finalmente (bem longe no futuro), não será mais perceptível.

A descoberta da RCF

A RCF foi descoberta acidentalmente em 1964, mas prevista quase vinte anos antes. Enquanto trabalhava na síntese de elementos depois do Big Bang, Ralph Alpher (ver

ESCURIDÃO VISÍVEL

> **PORQUE A RCF EXISTE**
>
> Talvez pareça estranho que a RCF ainda esteja por aí para ser observada. Afinal de contas, se jogarmos uma pedra num lago as ondinhas não se congelam nem esperam para serem observadas anos depois. Mas o lago não é o universo todo. A energia do Big Bang não tinha para onde ir, porque não existe "outro lugar". Quando jogamos uma pedra no lago, a energia das ondinhas pode se dissipar porque há muito "não lago" nas bordas. A energia da RCF está presa para sempre no universo. Os fótons ainda estão à nossa volta: há cerca de 400 fótons da RCF em cada centímetro cúbico de espaço.

a página 23) propôs e, mais tarde, calculou o resquício de radiação que ainda conseguia encontrar. Com Robert Herman, ele percebeu que a radiação, naquele ponto do tempo, deveria aparecer numa temperatura por volta de 5K. Alpher e Herman publicaram os seus resultados em 1948, mas ninguém se convenceu o suficiente para procurar essa radiação.

Como vimos, a RCF foi encontrada por dois radioastrônomos, Arno Penzias e Robert Wilson, que na verdade não a procuravam. Em 1964, eles trabalhavam com ondas de rádio cósmicas e usavam uma nova antena extremamente sensível projetada para captar sinais de rádio refletidos pelos primeiros satélites de comunicação. Encontraram muita interferência, com um sinal de fundo mais alto do que esperavam. Penzias e Wilson erradicaram todas as fontes possíveis de interferência em que podiam pensar, mas o sinal continuava. Como tinham eliminado todas as fontes terrestres possíveis, concluíram que a interferência devia vir do céu. E como ela era a mesma dia e noite, no verão e no inverno (e, portanto, não relativa à posição da Terra em relação ao Sol), decidiram que a fonte não estava no sistema solar.

Ao mesmo tempo, três astrofísicos da vizinha Princeton se preparavam para procurar a RCF. Robert Dicke, Jim Peebles

Em certo momento, Penzias e Wilson desconfiaram que a interferência era causada por ninhos de pombos; eles os expulsaram e limparam as suas fezes. Mas a RCF persistiu.

CAPÍTULO 3

> ### O UNIVERSO NA TV
>
> Em comprimentos de onda de milímetros, a RCF é tão brilhante que contribui para a estática de um televisor analógico sem nenhum canal sintonizado. Parte da imagem difusa e cintilante é captação da RCF e vem do início do universo. Pouca gente ainda tem acesso a um televisor analógico, mas com um rádio de boa qualidade ainda é possível ouvir o Big Bang. Cerca de meio por cento da estática entre os sinais límpidos é RCF, e você pode tirar o seu rádio de sintonia e escutar um pouquinho do relâmpago de luz do início do universo, tão esticado que hoje são apenas ondas de rádio que recebemos como som.

e David Wilkinson esperavam encontrar relíquias de micro-ondas da dissociação dos fótons exatamente na área do espectro ocupada pelo misterioso sinal de Penzias e Wilson. O professor de física do MIT Bernard Burke viu uma cópia pré-publicada do artigo de Penzias e Wilson e lhes falou; eles perceberam que as previsões combinavam com a sua interferência e que talvez tivessem encontrado a RCF. Quando visitou a antena, a equipe de Princeton confirmou que era mesmo o procurado sinal de micro-ondas cósmicas. Em 1965, as duas equipes publicaram suas metades da história no mesmo número da revista *The Astrophysical Journal*. O artigo de Penzias/Wilson era discretíssimo, com o título nada atraente de "A Measurement of Excess Antenna Temperature at 4080 Mc/s" ("Medição de excesso de temperatura em antena a 4080 Mc/s"), sem nenhuma menção direta à sua importância. Mesmo assim, o *New York Times* publicou uma reportagem com manchete antes que o artigo saísse na revista. Em 1978, Penzias e Wilson receberam o Prêmio Nobel de Física pelo seu trabalho.

A identificação da RCF foi uma das descobertas científicas mais importantes de todos os tempos. Era um indício convincente de que o modelo do Big Bang está correto. O imenso relâmpago produzido pela dissociação dos fótons foi liberado em toda parte ao mesmo tempo, e por isso a RCF está à nossa volta e não tem fonte direcional (a mesma característica que, a princípio, deixou Penzias e Wilson perplexos). Foi carregada pelo universo em expansão e, embora o comprimento de onda aumente com a inflação, a radiação continuará a estar em toda parte.

ESCURIDÃO VISÍVEL

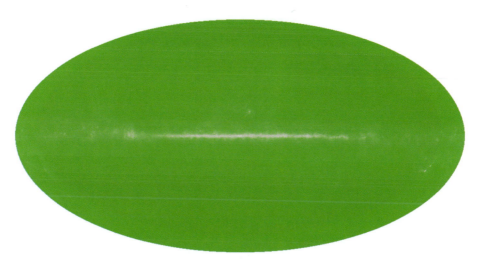

Se Penzias e Wilson fossem capazes de mapear o céu inteiro com o seu equipamento, eis o que veriam: uniformidade. A faixa cinzenta é onde fica o plano da Via Láctea, obscurecendo a radiação de fundo.

O ESPAÇO ERA ALARANJADO

O espaço que conhecemos é preto. No entanto, o relâmpago de luz liberado pela dissociação dos fótons era alaranjado. Isso pode ser calculado pela temperatura na época, que ficava por volta dos 3.000K. Nessa temperatura, a maioria dos fótons estaria na faixa infravermelha, mas haveria fótons suficientes no espectro visível para que a luz ficasse laranja (se estivéssemos lá para ver). O esfriamento do universo alongou o comprimento de onda de todos os fótons; hoje, não há fótons de luz visível na RCF, e o espaço é preto.

Um universo empelotado

Uma característica da RCF é ser espantosamente homogênea em todo o céu. Isso é considerado uma prova de que, a princípio, todo o universo observável era uniforme e muito menor. Quando ele se expandiu, a uniformidade permaneceu; só ficou mais espalhada. Mas a RCF não é inteiramente homogênea. Há pequenas flutuações refletidas em variações de temperatura. Essas correspondem a leves variações da estrutura original do universo que foram ampliadas pela expansão. Embora minúsculas, essas variações causadas por irregularidades quânticas antes da inflação foram suficientes para semear estruturas no universo. As variações minúsculas fizeram a expansão parar em momentos um pouquinho diferentes. Por sua vez, isso produziu uma distribuição marginalmente irregular da radiação e da matéria, produzindo pontos quentes e frios. Essas variações não puderam se igualar depois da inflação porque a velocidade da luz se tornou um fator limitante: elas estavam longe demais umas das outras para a energia se deslocar entre elas.

CAPÍTULO 3

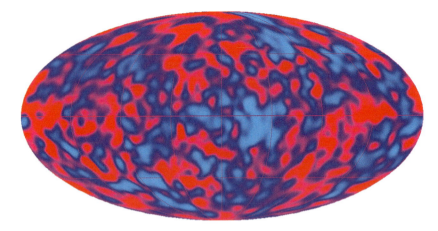

Primeiro mapa do COBE, com os dados dos dois anos iniciais.

Medição da RCF

Medir a RCF e encontrar as suas variações se tornou uma tarefa importante para os astrônomos. Se Penzias e Wilson conseguissem medi-la no céu inteiro, o mapa mostraria algo inteiramente uniforme. Mapear o céu inteiro com precisão muito maior do que Penzias e Wilson seriam capazes foi a tarefa encetada em 1989-1996 pelo satélite Cosmic Background Explorer (Explorador cósmico de fundo, COBE), que produziu o primeiro mapa da RCF no céu inteiro. Constatou-se que a RCF tem um espectro de corpo negro quase perfeito, mas não é inteiramente uniforme; há variações levíssimas (anisotropias) na radiação, correspondentes a apenas uma parte em cem mil.

George Smoot e John Mather, dois dos cientistas responsáveis pelo trabalho, receberam o Prêmio Nobel de Física de 2006. Os seus achados marcaram o início da cosmologia como ciência exata e foram o dobre fúnebre do modelo estacionário do universo. Eles estavam totalmente de acordo com as previsões do que ocorreria no caso do Big Bang.

Depois do COBE

A próxima missão de mapear a RCF seria ainda mais detalhada. Em 2001, foi lançada a Wilkinson Microwave Anisotropy Probe (sonda Wilkinson de anisotropia de micro-ondas, WMAP); os seus achados revolucionaram o nosso entendimento do universo e permitiram o primeiro mapa em escala pormenorizada (com resolução de até 0,2 graus em todo o céu) da estrutura detalhada da RCF.

- a idade do universo é de 13,77 bilhões de anos (WMAP) ou 13,8 bilhões de anos (Planck)

- a distribuição das variações da RCF pelo céu combina com as previsões do modelo mais simples de inflação

- a matéria atômica (bariônica) normal só corresponde a 4,6% (WMAP) ou 4,9% (Planck) do universo

- a "matéria escura" (não formada por átomos) corresponde a 24% (WMAP) ou 26,8% (Planck) do universo

ESCURIDÃO VISÍVEL

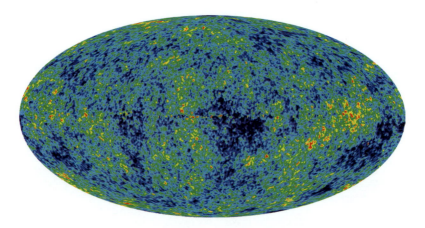

O mapa da WMAP, com dados de nove anos.

- 71,4% (WMAP) ou 68,3% (Planck) do universo constituem a misteriosa "energia escura"

- o tamanho das variações de densidade do universo é levemente maior em grande escala do que em pequena escala, achado que sustenta a teoria da inflação cósmica.

Das pelotas aos aglomerados de galáxias

Os mapas da WMAP, de Planck e anteriores, revelam que as minúsculas desigualdades de temperatura da RCF, nos bilhões de anos que viriam, causariam a estrutura da massa do universo. As áreas de temperatura levemente mais alta e, portanto, com mais energia se tornariam o foco do colapso gravitacional e conteriam uma concentração de matéria e energia. Finalmente, se tornariam as áreas ocupadas por aglomerados de galáxias.

> **A SUPERFÍCIE DA ÚLTIMA DISPERSÃO**
> Quando nos sentamos na terra ou perto dela e medimos a RCF que nos chega de todas as direções, estamos medindo fótons que levaram de 12,1 a 13,4 bilhões de anos para chegar aqui desde o seu ponto de partida, dependendo da idade do universo. Os que chegam exatamente neste momento originaram-se todos em pontos equidistantes de nós, definindo, com toda a probabilidade, uma superfície esférica. Essa superfície imaginária é chamada de "superfície da última dispersão".

As áreas mais frias seriam os espaços aparentemente áridos do universo. No entanto, no ponto da dissociação dos fótons esses eventos ainda estavam bem distantes no futuro. A formação de estrelas e galáxias seria obra da era seguinte.

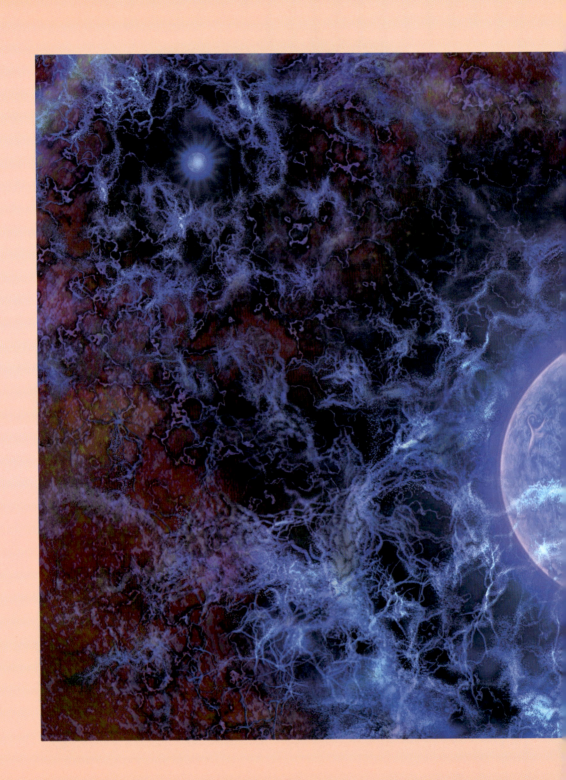

CAPÍTULO 4

BRILHA, BRILHA, ESTRELINHA

"Olha obrando a este fim a Natureza
Os átomos tendendo uns para os outros,
Outro atraindo aquele que é atraído
E abraçando-se todos. Vê a Matéria
Vestida de mil formas, pender sempre
Sempre para um só centro, o geral Bem.
Alexander Pope,
Um ensaio sobre o homem, 1734,
trad. A. Teixeira, Lisboa, 1769.

Produzidas pela condensação de nuvens de hidrogênio e hélio, as primeiras estrelas se formaram cerca de 180 milhões de anos depois do Big Bang. A estrutura em grande escala do universo foi montada na mesma época. Ele começava a ser o lugar que conhecemos hoje.

Representação artística de uma das primeiríssimas estrelas, com brilho azul. Feita inteiramente de hidrogênio e hélio, elas eram cercadas no espaço por mais hidrogênio.

CAPÍTULO 4

Em 2019, um minúsculo radioespectrômetro do tamanho de uma mesa detectou a impressão digital do hidrogênio ao absorver radiação num comprimento de onda específico no fundo do espaço. O equipamento foi montado no deserto da Austrália Ocidental, longe de todas as fontes de interferência de rádio, e confirmou que as primeiras estrelas ganharam vida 180 milhões de anos depois do Big Bang, dando fim à Idade das Trevas do universo.

Rumo às trevas

A explosão de luz da dissociação dos fótons foi seguida por uma época de total escuridão, às vezes chamada de Idade das Trevas cósmica. Qualquer radiação de comprimento de onda curto que fosse emitida era rapidamente absorvida pelo gás espalhado pelo universo. Só podemos teorizar sobre o que estaria acontecendo durante a Idade das Trevas cósmica, usando simulações de computador baseadas no que sabemos sobre o tempo que veio depois. Durante a Idade das Trevas, o universo extremamente liso e homogêneo fossilizado na RCF mudou de algum modo para outro altamente estruturado, com áreas de matéria densíssima e áreas praticamente vazias.

Reunião

A nossa melhor teoria do que aconteceu dá à gravidade o papel principal. As irregularidades minúsculas que vemos preservadas na RCF se tornaram o foco do acúmulo de matéria. A gravidade atraiu mais matéria e energia para as áreas onde já havia um pouquinho mais. O resultado foi que algumas áreas ficaram com matéria concentrada suficiente, toda ela puxando-se com força cada vez maior, para que as primeiríssimas estrelas começassem a se formar, provavelmente em algum momento entre 150 e 180 milhões de anos depois do Big Bang.

Revela-se a gravidade

Durante muito tempo, a noção de que algum tipo de força de atração opera sobre

BRILHA, BRILHA, ESTRELINHA

a matéria foi óbvia pela experiência cotidiana. A gravidade foi descrita pela primeira vez como força atrativa que impede as coisas de caírem da Terra pelo matemático indiano Brahmagupta (c. 598-c. 668 d.C.), que usou a palavra *gurutvakarshan*, ou seja, "ser atraído pelo mestre". Varahamihira (505-587 d.C.), astrônomo e matemático indiano anterior, disse que podia haver uma força que impedisse os objetos de voar da Terra e mantivesse os corpos celestes na posição correta, mas não lhe deu nome.

A primeira pessoa a se dispor a investigar a gravidade foi o cientista italiano Galileu Galilei (1564-1642). Ele contestou a afirmativa de Aristóteles de que os objetos mais pesados caem mais depressa do que os leves. Ele (possivelmente) realizou uma demonstração que envolveu soltar bolas do alto da Torre Inclinada de Pisa para provar que objetos com o mesmo formato mas massa diferente chegam ao chão ao mesmo tempo. Ele explicou corretamente que os objetos caem em velocidades diferentes por

GALILEU CONFIRMADO

Em 1971, o comandante David Scott, da missão Apolo XV à Lua, demonstrou que Galileu estava certo: os objetos caem, de fato, com a mesma velocidade quando a resistência do ar é removida. Scott largou ao mesmo tempo um martelo de metal e uma pena tirada de um falcão chamado Baggins. Os dois objetos atingiram a superfície da Lua simultaneamente.

> "Os corpos caem na direção da Terra pois está na natureza da Terra atrair os corpos, assim como está na natureza da água fluir."
>
> Brahmagupta

Representação posterior imaginada de Galileu soltando uma bala de canhão e outro objeto esférico da Torre Inclinada de Pisa.

CAPÍTULO 4

causa da resistência do ar, não da gravidade. Quer a Torre Inclinada estivesse envolvida, quer não, com certeza Galileu testou a ação da gravidade fazendo bolas rolarem por um plano inclinado.

Manter os planetas no lugar

O trabalho de Galileu preparou o terreno para o trabalho mais famoso de Isaac Newton. Nascido em 1642, ano em que Galileu morreu, Newton fez a primeira formulação matemática da gravidade na sua obra mais importante, *Philosophiæ Naturalis Principia Mathematica*, publicada em 1687. Outra história provavelmente apócrifa diz que Newton foi atingido na cabeça por uma fruta que caiu quando ele estava sentado sob uma macieira. A experiência o inspirou a investigar a força que obriga a maçã a cair no chão. A sua lei da gravitação universal pelo inverso do quadrado afirma que a força gravitacional F que atua entre dois objetos é dada pela fórmula:

$$F = G \frac{m_1 m_2}{r^2}$$

A lei da gravidade de Newton demonstrada por uma pena e uma maçã que caem juntas numa câmara de vácuo.

em que m_1 e m_2 são a massa dos dois objetos, r é a distância entre os centros dos dois objetos e G, a constante gravitacional. Se a distância entre dois objetos (digamos, um planeta e a sua lua) dobrar, a força gravitacional vai se reduzir por um fator de 4 (2^2). A força atua entre os objetos, mas o efeito é notado principalmente no objeto de menos massa. É por isso que a maçã cai na Terra, mais do que a Terra sobe para encontrar a maçã.

O melhor endosso da teoria de gravitação de Newton aconteceu quando se descobriu que a órbita observada do planeta Urano não combinava com o comportamento previsto. Os astrônomos acharam que devia haver outro planeta perturbando a órbita com a influência da sua força

> "Deduzi que as forças que mantêm os planetas nas suas órbitas têm de ser, reciprocamente, como o quadrado da sua distância ao centro em torno do qual giram; portanto, comparei a força necessária para manter a Lua na sua órbita com a força da gravidade na superfície da Terra; e as encontrei bastante condizentes."
>
> Isaac Newton, 1687

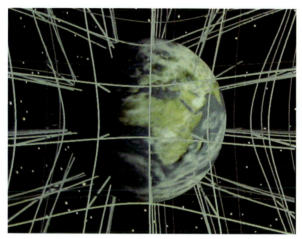

A deformação do espaço-tempo pela gravidade, produzida por um planeta enorme.

gravitacional. John Couch Adams e Urbain Le Verrier previram, de forma independente, a localização do novo planeta Netuno usando a teoria de Newton. O planeta foi encontrado no lugar esperado em 1846.

A gravidade entra em forma

Ninguém teve muito a acrescentar à gravidade durante mais de duzentos anos depois dos *Principia*. Então, Albert Einstein a reavaliou na sua teoria geral da relatividade, publicada em 1915. Em vez de uma força que atua entre dois objetos, Einstein descreveu a gravidade como uma distorção do espaço-tempo que ocorre em torno de objetos com massa.

Isso pode ser ilustrado imaginando-se a queda de uma bola pesada num cobertor bem tensionado. A bola deforma a superfície do cobertor, causando uma depressão para onde ela rola. Se cair no cobertor, uma bola menor vai rolar na direção da bola grande. Ela não rola porque a bola grande a atrai, mas porque a depressão na superfície do cobertor a obriga a isso. A distorção do espaço-tempo por objetos com muita massa é semelhante, mas funciona no espaço tridimensional em vez de num cobertor bidimensional. Cada objeto com massa provoca alguma distorção do espaço-tempo, embora os objetos pequenos não causem um efeito tão grande quanto outros maiores.

A maioria dos objetos segue o modelo de gravidade de Newton, mas há alguns casos em que ele não se aplica; esses podem ser descritos pela formulação de Einstein e pelas equações associadas.

Curvar a luz

Um achado especialmente importante foi que a gravidade pode afetar a luz. Nosso entendimento costumeiro é de que a luz avança em linha reta, mas isso exige que definamos o que é uma linha reta. No plano, é a distância mais curta entre dois pontos, e retas paralelas nunca se encontram nem se afastam. Mas numa superfície curva, como a de uma esfera, a distância mais curta entre dois pontos é uma geodésica — uma parte de um grande círculo, como o equador em torno da Terra. É mais provável que pensemos no equador como uma curva e não como uma reta.

CAPÍTULO 4

O telescópio usado para observar o eclipse de 1919 no Brasil pela expedição Eddington.

Quando a gravidade deforma o espaço-tempo, a luz e outras radiações eletromagnéticas percorrem o caminho mais curto, mas esse caminho é uma curva, logo, na verdade, não é uma "linha reta".

Einstein previu que a luz de uma estrela distante seguiria um caminho distorcido pelo campo gravitacional do Sol e deduziu que isso faria a estrela aparentemente se desviar em 1,75 segundos de arco (cerca de um milésimo da largura da lua cheia). Na teoria de Newton, a luz também era desviada pela gravidade, mas em grau menor de apenas 0,86 segundo. Há poucas oportunidades de testar isso, porque normalmente não podemos ver as estrelas próximas do Sol. Mas podemos vê-las quando há um eclipse total e o Sol se obscurece durante o dia. Em 1919, Arthur Eddington comandou uma expedição para testar a previsão medindo a posição aparente de uma estrela perto do Sol durante um eclipse. A posição da estrela foi medida em dois locais, no Brasil e em Príncipe, uma ilha ao largo

AZAR COM ECLIPSES

Os eclipses ocorrem de forma confiável, mas não há confiabilidade na observação. A primeira tentativa de testar a ideia de Einstein foi atrapalhada antes mesmo que ele a publicasse. O físico alemão Erwin Finlay-Freundlich, do Observatório de Berlim, comandou uma expedição à Crimeia em 1914 para observar o eclipse total do Sol. Infelizmente, a Primeira Guerra Mundial começou, e ele foi preso como espião alemão antes que o eclipse ocorresse.

William W. Campbell comandou uma equipe do Observatório Lick, na Califórnia, numa viagem à Crimeia, mas choveu e o eclipse não foi visível. A câmera especial para eclipses de Campbell foi apreendida pelos russos (que devem ter ficado desconfiados com esse súbito interesse em eclipses no meio da guerra) e só devolvida quando já era tarde demais para que ele a levasse ao próximo eclipse, esperado na Venezuela em 1916, nem ao seguinte, no estado americano de Washington, em 1918. Esses contratempos deixaram o prêmio ainda disponível para ser reivindicado por Eddington em 1919. Mas choveu em Príncipe, e ele só conseguiu tirar poucas fotografias boas. A expedição também não teve muito sucesso no Brasil, onde Eddington só obteve imagens borradas, fora de foco, quando as nuvens se abriram momentaneamente.

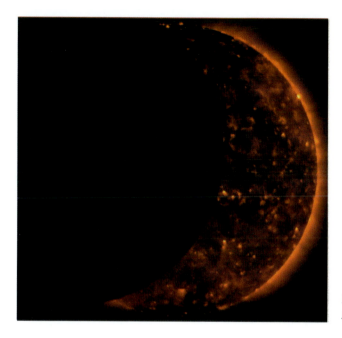

Eclipse do Sol observado pelo satélite Hinode em 2009.

do litoral oeste da África. O resultado confirmou a previsão de Einstein e foi amplamente aceito como prova da teoria da relatividade geral.

Construção do arcabouço

O papel da gravidade na formação da estrutura do universo foi fundamental, pois ampliou as flutuações minúsculas da densidade da matéria. A ideia de que essas variações ou anisotropias acumularam matéria e se tornaram a base da estrutura em grande escala do universo atual surgiu logo depois da descoberta da RCF, mas enfrentou problemas na década de 1970.

As galáxias não se somam

Caso se concentrassem somente na matéria bariônica (isto é, normal) do universo, os astrônomos não conseguiriam explicar a sua estrutura atual e o desenvolvimento das galáxias. No início da década de 1900, os astrônomos descobriram que, se somassem a matéria fria e escura ao início do universo em proporção suficientemente alta, o problema poderia ser superado. A "matéria escura", como o nome indica, é uma substância sombria. Ninguém sabe direito o que é. Com certeza é "matéria", porque tem massa e interage com a gravidade, mas não é matéria normal. É "escura" porque não reflete a luz nem interage com outras formas de radiação eletromagnética, e assim não pode ser diretamente percebida. Com "fria", os astrônomos querem dizer que se move a velocidade menor do que a da luz.

Há boas razões para supor que a matéria escura existe, muito embora seja invisível a todas as formas de radiação. Imagine que você embrulha um ímã num pano escuro e o põe na mesa; se jogar limalha de ferro em volta, será capaz de saber, pelo movimento da limalha, que há um campo magnético presente, embora não veja o ímã. Do mesmo modo, o impacto da gravidade produzida pela matéria escura pode ser visto, embora não vejamos a matéria em si.

CAPÍTULO 4

A matéria escura é a única maneira de explicar a velocidade com que as estrelas se movem nas bordas de uma galáxia. As estrelas giram mais depressa do que deveriam se a massa total da galáxia fosse apenas a massa da sua matéria visível. Elas se comportam como se a galáxia tivesse uma massa muito maior do que parece. Só poderiam se mover assim se houvesse algo mais, algo que não podemos ver, contribuindo com a sua massa. Uma "auréola" de matéria escura em torno da galáxia manteria a matéria visível no seu lugar e impediria que a galáxia se dilacerasse.

Aumento da matéria escura

Os astrônomos descobriram que, se supusessem que apenas 5% da matéria fosse matéria bariônica normal e os outros 95% fossem matéria escura, a matemática daria certo para formar galáxias e aglomerados de galáxias. Este era o modelo da matéria escura fria (CDM, do inglês *cold dark matter*). Mesmo assim, de 1988 a 1990, observações astronômicas encontraram mais aglomerados de galáxias do que o modelo previa. Em 1992, o resultado do COBE revelou o nível de anisotropias na RCF, trazendo mais uma incompatibilidade com o modelo. Os astrônomos começaram a experimentar outras variantes do modelo CDM, inclusive misturando matéria escura fria e quente.

Em 1998, com a descoberta de que a taxa de expansão do universo está aumentando, foi possível refinar o modelo CDM numa versão chamada Lambda-CDM (ΛCDM) Lambda (Λ), a décima primeira letra do alfabeto grego, é uma constante cosmológica, um número que representa a densidade de energia do espaço vazio, chamada de energia escura e considerada a força que age contra a gravidade para alimentar a expansão do universo (ver a página 196).

Essa imagem do Telescópio Espacial Hubble mostra um enorme aglomerado de galáxias a 2,2 bilhões de anos-luz. A matéria escura não pode ser fotografada, e a sua distribuição é mostrada numa sobrecamada azul.

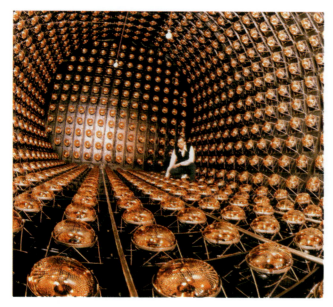

Tubos fotomultiplicadores num detector de neutrinos captam o minúsculo relâmpago luminoso produzido quando um neutrino (ver a página 74) atinge o núcleo líquido do detector.

Desde o início do século XXI, novas observações e medições da RCF confirmaram o modelo, hoje considerado exato com margem de erro de 1%. Parece uma história de sucesso, e é, só que ainda não sabemos o que é "matéria escura fria" nem como ela passou a existir. Os testes para descobrir a resposta a essa pergunta continuam.

Nada para ver aqui

A ideia da matéria escura foi mencionada pela primeira vez por Lord Kelvin em 1884. Depois de calcular a massa da galáxia examinando a velocidade de diversas estrelas que se deslocam em torno do centro, Kelvin concluiu que há mais massa do que podemos explicar com objetos visíveis, e assim "muitas das nossas estrelas, talvez uma grande maioria delas, sejam corpos escuros". Mas, embora possa haver muitas "estrelas escuras" e outros corpos que não podemos ver, não há matéria normal desse tipo oculta em quantidade suficiente para explicar o imenso déficit de matéria do universo.

A primeira sugestão de que a quantidade de matéria escura poderia ser calculada a partir do seu efeito gravitacional foi feita em 1922 pelo astrônomo holandês Jacobus Kapteyn. Jan Oort também falou disso em 1932, mais uma vez como um modo de explicar a massa desaparecida da galáxia. Fritz Zwicky fez o mesmo cálculo em 1933: trabalhando com o aglomerado Coma de cerca de mil galáxias, ele estimou que a sua massa seria 400 vezes maior do que a massa da matéria visível nelas, sugerindo que a matéria oculta mantinha o aglomerado unido.

Em 1980, a astrônoma americana Vera Rubin mostrou que a matéria escura da maioria das galáxias deve ser cerca do sêxtuplo da matéria visível. Isso corresponde mais ou menos aos cálculos atuais da RCF de que somente menos de 5% do universo é matéria visível, quase 27% é matéria escura e o resto, energia escura.

CAPÍTULO 4

A luz de uma galáxia distante, à esquerda, se curva em torno de uma galáxia espiral intermediária que atua como lente. A lente gravitacional resultante permite que se enxerguem detalhes que não seriam visíveis pelo telescópio.

Matéria escura não é antimatéria. Se fosse, seria aniquilada em contato com a matéria e não existiria para ser observada. E a matéria escura não pode corresponder aos buracos negros porque os buracos negros grandes curvam qualquer radiação que se aproxime deles, criando um efeito chamado lente gravitacional. Não há lentes suficientes para que a matéria escura se esconda como buracos negros. Até agora, a melhor sugestão é que a matéria escura seja, talvez, de neutrinos, áxions ou neutralinos.

Os neutrinos foram propostos por Wolfgang Pauli e detectados em 1955 por Clyde Cowan e Frederick Reines. A princípio, foram considerados sem massa, mas em 1998 encontrou-se um tipo de neutrino que tinha massa baixíssima. Há muitos neutrinos, mas a sua massa é tão minúscula que ainda seria difícil explicarem toda a matéria escura. Em 1977, propuseram-se partículas teóricas chamadas áxions para resolver um problema complexo da mecânica quântica. Até agora, não há provas da existência de

---

NEUTRINOS

Os neutrinos são léptons sem carga que se parecem com os carregados (elétrons, múons e taus). Como não interage com a matéria, o neutrino (assim chamado por ser eletricamente neutro) é dificílimo de detectar, embora se acredite que seja a partícula mais numerosa do universo. Eles são acompanhados em detectores situados em subterrâneos profundos para evitar interferência (como não interagem com a matéria, não têm dificuldade de viajar através da terra até os detectores). No Observatório de Neutrinos de Sudbury, um tanque com mil toneladas de água pesada é bombardeado por um trilhão de neutrinos por segundo, mas só trinta são detectados por dia.

áxions; se existirem, sua massa será pequena, mas teriam sido produzidos em grande número durante o Big Bang. Os neutralinos foram descritos, mas todas as tentativas de encontrar indícios da sua existência fracassaram. A explicação preferida atualmente é que a matéria escura provavelmente consiste de um tipo (ou tipos) de partícula que ainda não descobrimos.

Uma vasta esponja

O modelo ΛCDM oferece uma explicação coerente de como se desenvolveu a estrutura em grande escala do universo. Seja qual for a natureza da matéria escura, ela se reuniu em pontos de densidade levemente maior no universo — as anisotropias da RCF. A matéria escura se coagulou em grumos e filamentos que formaram a superestrutura do universo, algo como uma vasta esponja com paredes e filamentos cercando áreas de espaço mais vazio. Onde a matéria escura era mais densa, o aumento da gravidade nessas áreas atraiu o hidrogênio e o hélio (matéria bariônica normal). Como a densidade da matéria nesses pontos aumentou, a sua atração gravitacional por mais matéria também cresceu, e a concentração de matéria em torno do arcabouço se acelerou. As áreas vazias ficaram mais vazias, as densas ficaram mais densas. Finalmente, as primeiras estrelas e galáxias se formaram nos pontos de matéria mais densa.

Em 2017, astrônomos montaram uma simulação em computador que reproduz as condições do universo antes da formação dos primeiros aglomerados de galáxias. A simulação Evolution and Assembly of GaLaxies and their Environments (evolução e montagem de galáxias e seus ambientes, EAGLE) era grande o suficiente para conter dez mil galáxias do tamanho da Via Láctea.

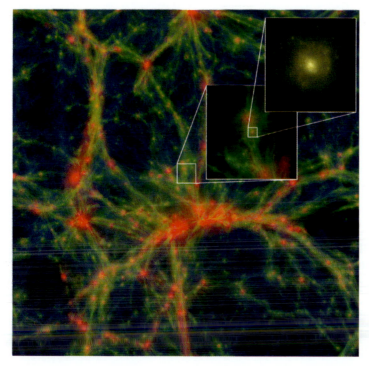

Produzida pelo projeto EAGLE, essa simulação em supercomputador mostra parte da superestrutura do universo. As cores codificadas mostram a temperatura, com a mais quente vermelha e a mais fria, azul. Os encaixes ampliam uma galáxia com o mesmo formato da Via Láctea.

O telescópio James Webb, com lançamento previsto para 2021, usará infravermelho para procurar as primeiras estrelas. A luz dessas estrelas mortas há muito tempo terá se desviado para o vermelho além do espectro visível.

Fazer estrelas

Nos pontos mais densos da rede de filamentos de matéria, as estrelas começaram a coalescer. Não sabemos muito sobre as primeiras estrelas que se formaram, mas podemos deduzir o método da sua formação.

O nascimento de uma estrela

O processo pelo qual uma nuvem de gás hidrogênio em condensação se torna primeiro uma protoestrela e depois uma estrela foi descrito pelo astrônomo e matemático inglês James Jeans (1877-1946), que, com Eddington, foi um dos fundadores da cosmologia britânica. Ele estudou a dinâmica dos gases e a aplicou às nebulosas no início dos anos 1900.

Jeans descobriu que uma nuvem de gás ficará em equilíbrio quando a pressão das partículas em movimento dentro dela for igual à pressão da gravidade que empurra os átomos um contra o outro. A massa de uma nuvem em equilíbrio é chamada massa de Jeans. Se algo perturba uma nuvem de gás em equilíbrio — talvez uma densidade maior de gás numa pequena área —, há um efeito dominó. A área mais densa tem atração gravitacional maior pelos átomos próximos, e assim mais gás vai para lá e aumenta ainda mais a gravidade. Isso provoca o colapso gravitacional, e a pressão externa não é mais capaz de contrabalançar a atração da gravidade. Esse processo alimenta hoje o nascimento das estrelas, assim como alimentou no iniciozinho da primeira era de construção de estrelas.

O tamanho crítico de nuvem de gás que a faz entrar em colapso é o chamado comprimento de Jeans: assim que a nuvem atinge esse raio, o colapso é inevitável. A instabilidade de Jeans, ponto em que o colapso é provocado, é função do tamanho, da temperatura e da pressão dentro da nuvem de gás. Conforme mais e mais hidrogênio é atraído, a pressão e a temperatura do gás aumentam até atingir o ponto de virada. Isso explica como uma estrela se forma como nuvem

PROPOSTA DAS PRIMEIRAS ESTRELAS

A noção de que as primeiras estrelas eram diferentes da geração atual data de 1978, mas se desenvolveu a partir de um trabalho feito em 1944 pelo astrônomo austríaco-americano Walter Baade, que distinguiu duas classes ou populações de estrelas com base em diferenças que correspondem à sua idade (ver a página 95). Ele descobriu que as estrelas mais antigas continham uma proporção mais alta de hidrogênio e hélio do que as estrelas mais novas, cuja composição tinha diversidade maior. Baade chamou as estrelas mais novas de População I e as mais antigas, de População II.

Isso provocou a pergunta de onde vinham os elementos mais pesados. Como veremos, eles são fabricados principalmente no interior das estrelas e no fim da sua vida. Para existirem, esses elementos mais pesados tiveram de ser feitos por estrelas anteriores ou se formar dentro delas. As primeiríssimas estrelas, sem nenhum outro elemento disponível, deviam ser feitas inteiramente de hidrogênio e hélio, matéria primordial do universo. Em 1978, uma nova classe hipotética de estrelas, a População III, foi acrescentada ao sistema de Baade. Ainda não se observou nenhuma estrela da População III, mas parece difícil evitá-las como um estágio da história do universo. Essas estrelas de primeira geração formaram os primeiros elementos mais pesados, que o Big Bang não pôde produzir.

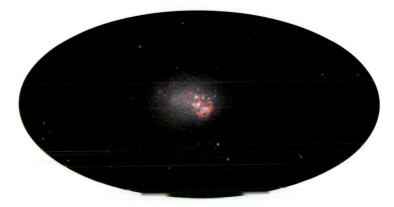

A galáxia anã ESO 553-46 produz estrelas num ritmo rapidíssimo. Aqui, as novas estrelas têm um brilho branco-azulado e aquecem o gás circundante, que brilha avermelhado. Essas estrelas contêm pouco mais do que hidrogênio e hélio, o que as torna muito semelhantes às primeiras estrelas do universo.

CAPÍTULO 4

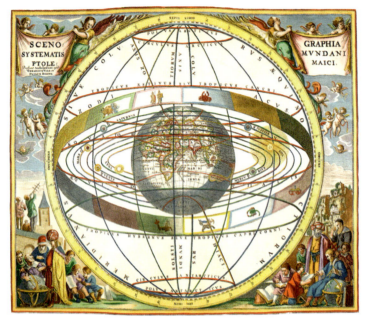

Durante quase dois mil anos, o modelo que punha a Terra no centro do universo persistiu, sufocando o possível progresso da cosmologia e da astronomia.

superdensa de gás, mas não como produz energia. Esse enigma seria solucionado durante a primeira metade do século XX.

Superestrelas

As primeiríssimas estrelas só continham o hidrogênio e o hélio que se formaram no início da nucleossíntese. Nisso, diferem consideravelmente das estrelas posteriores, que conteriam mais ingredientes. Das primeiras estrelas, muitas cresceram até 60 a 300 vezes o tamanho do Sol, e algumas maiores ainda do que as estrelas que se seguiram, bilhões de anos depois. Tinham muita energia e, provavelmente, se queimaram em milhões de anos ou menos. (O Sol vai durar mais cinco bilhões de anos.) Em outros aspectos, essas primeiras estrelas funcionavam do mesmo jeito que as estrelas que nos cercam hoje.

O mecanismo das estrelas

Os astrônomos descobriram como as estrelas funcionam observando o Sol, estrela da própria Terra. Embora seja de uma geração muito posterior, as lições aprendidas com o exame quase certamente se aplicam às estrelas anteriores.

O estudo começou com os antigos, que pela primeira vez olharam o Sol e pensaram na sua capacidade de produzir luz e calor. O filósofo grego Anaxágoras sugeriu, 2.500 anos atrás, que o Sol é uma rocha em chamas e as estrelas, também. Disse que a única razão para o Sol brilhar tanto e sentirmos o seu calor é porque está muito mais perto de nós do que as outras estrelas. Esse momento de clareza logo foi eclipsado por modelos menos iluminados. A religião ensinou que os seres humanos são especiais e que o seu lugar no céu é central. Em vez

BRILHA, BRILHA, ESTRELINHA

de um dentre muitos corpos igualmente fogosos, o Sol se tornou subserviente à Terra, apenas mais um orbe no séquito que a acompanha, junto com a Lua e os planetas. Só em 1838 se descobriu que o Sol é uma estrela como qualquer outra.

Enquanto todos se contentavam em acreditar que o Sol é uma luz celeste, que arde pelo poder divino, não houve problema. Divindades não precisam explicar como uma estrela arde; a ciência, por outro lado, precisa. Para seguir as regras normais da ciência, o Sol precisa ter uma fonte de energia. Também deve ter energia suficiente para durar pelo menos desde que a Terra existe. Portanto, as primeiras perguntas para os antigos foram: Qual a idade da Terra? E há quanto tempo o Sol já está ardendo?

Seis mil anos... e mais

Aristóteles acreditava que a Terra, como todo o universo, existia desde sempre e existiria eternamente. O filósofo-poeta romano Lucrécio achava que a Terra devia ter começado um pouco antes da Guerra de Troia, o evento mais antigo que ele conhecia. Hoje, indícios arqueológicos mostram que a Guerra de Troia terminou por volta de 1180 a.C., o que faria a Terra ter pouco mais de mil anos na época de Lucrécio.

A antiga tradição cristã e talmúdica tentou datar a Terra recuando pelas genealogias registradas nos textos sagrados. Na tentativa mais famosa, James Ussher, primaz de toda a Irlanda, calculou em 1650 a data de 22 de outubro de 4004 a.C. (com data final correspondente por volta do ano 2000 d.C., pela qual passamos alegremente sem incidentes). Em geral, uma idade aproximada de seis mil anos para a Terra era considerada correta. Há menos de duzentos anos, a maioria no mundo ocidental ainda acreditava que a Terra tinha apenas alguns milênios.

Uma abordagem mais robusta para calcular a idade da Terra começou com o

James Ussher ficou famoso por calcular a data da Criação na tradição cristã, embora não fosse a única nem a primeira pessoa a fazer isso.

CAPÍTULO 4

> **QUAL A IDADE?**
>
> Hoje, há uma divisão clara entre cientistas e criacionistas, mas nem sempre foi assim. O método religioso de datar a Terra era amplamente aceito na época em que Ussher divulgou a sua data de 22 de outubro de 4004 a.C. Cientistas renomados como Johannes Kepler e Isaac Newton também calcularam a idade da Terra usando o mesmo método. Kepler encontrou a data de 3992 a.C., e talvez Isaac Newton tenha defendido 4000 a.C.

advento da datação geológica na década de 1660. No fim do século XIX, o consenso geral era que a Terra tem cerca de cem milhões de anos. O Sol, portanto, precisava de uma fonte de energia que durasse pelo menos esse tempo.

O calor do Sol

O primeiro pressuposto de que o Sol queima algum tipo de combustível para produzir calor não explicava a sua longevidade.

O calor do Sol é tão imediatamente aparente que a ideia de que está queimando logo se apresenta.

Se o Sol fosse um vasto pedaço de carvão, sem dúvida se queimaria todinho em algum tempo. Uma sugestão mais ambiciosa, feita pelo físico alemão Julius von Mayer (1814-1878), foi que o Sol era alimentado por meteoros que caíam nele. Os meteoros teriam de manter um ritmo formidável de impactos, e não havia nenhum indício de que houvesse meteoros suficientes de passagem nem de que a massa do Sol aumentasse, como teria inevitavelmente de acontecer sob um massacre tão constante. Além disso, a massa crescente do Sol logo ficaria evidente pela mudança das órbitas dos planetas. Havia problemas consideráveis no modelo de Mayer.

O físico Lord Kelvin (William Thomson) sugeriu que a energia do Sol vinha primeiro da energia cinética do material que o formou, esmagada pela gravidade. Ao esfriar, ele encolheu, e a gravidade o condensou ainda mais, tornando-o "meramente uma massa líquida incandescente em resfriamento". Embora Kelvin não eliminasse a possibilidade de que o Sol tivesse sido "criado como fonte ativa de calor em algum momento de antiguidade não incomensurável, por decreto superior", ele descrevia essa explicação como "improvável no mais alto grau".

Na explicação preferida de Kelvin, os meteoros eram novamente a matéria-prima do Sol, mas dessa vez como uma miríade de corpos pequenos unidos pela gravidade e cedendo a sua energia antes cinética sob a forma de calor. Essa interpretação foi possibilitada pelo trabalho do físico alemão Hermann von Helmholtz sobre a conservação de energia. Em 1847, Von Helmholtz reuniu calor, luz, eletricidade e magnetismo e os tratou como uma única "força" (hoje diríamos formas de energia). Ele defendeu que essa força (energia) pode mudar de

BRILHA, BRILHA, ESTRELINHA

forma, mas não é acrescentada nem criada num sistema fechado. Esse modelo permitiu que Kelvin afirmasse que a energia cinética dos meteoros em movimento se converte na energia térmica liberada pelo Sol. A avaliação de Kelvin se baseava em cálculos contemporâneos da temperatura da superfície do Sol, na quantidade de calor irradiada por ano e no pressuposto de que a composição do Sol é semelhante à da Terra ("também temos excelentes razões para acreditar que a substância do Sol é muito parecida com a da Terra"). Ele concluiu que o diâmetro do Sol devia encolher cerca de um décimo por cento a cada vinte mil anos, que o Sol devia estar fornecendo calor havia menos de cem milhões de anos e que teria sido mais quente no passado do que hoje.

Novas formas de energia

Ainda seria necessário fazer várias descobertas cruciais para os cientistas descobrirem o que alimentava o Sol. O primeiro

"O sol e o seu calor [...] se originaram numa coalescência de corpos menores, unidos pela gravitação mútua, gerando, como têm de fazer de acordo com a grande lei demonstrada por Joule, um equivalente exato de calor pelo movimento perdido na colisão."

Lord Kelvin, 1862

William Thomson é mais famoso pelo seu trabalho na termodinâmica. Foi o primeiro cientista britânico a receber um título de nobreza e se tornar Lord Kelvin em 1866.

CAPÍTULO 4

> *"Parece, portanto, muito provável como um todo que o Sol não tenha iluminado a Terra por 100.000.000 de anos, e quase certo que não o fez por 500.000.000 de anos. Quanto ao futuro, podemos dizer, com igual certeza, que os habitantes da Terra não podem continuar a gozar da luz e do calor essenciais à sua vida durante muitos milhões de anos, a menos que fontes hoje desconhecidas estejam preparadas no grande armazém da criação."*
>
> Lord Kelvin, 1862

passo foi a descoberta da radioatividade, feita pelo físico francês Henri Becquerel em 1896. Por acidente, ele descobriu que sais de urânio emitiam uma forma de radiação que podia ser registrada numa chapa fotográfica. Becquerel testava a sua teoria de que um composto de urânio (sulfato duplo de potássio e uranilo) absorveria a energia do Sol e depois a emitiria como raios X. Estava errado, mas no processo, sem querer, descobriu a radioatividade. A experiência consistia em expor a amostra à luz do Sol e colocá-la sobre chapas fotográficas envoltas em papel preto, para depois revelar as chapas. Certo dia o tempo estava tão nublado em Paris que ele não conseguiu expor o composto à luz do Sol. Então, deixou a experiência de lado e, dali a alguns dias, revelou as chapas mesmo assim. Para sua surpresa, elas produziram uma imagem. O sulfato duplo de potássio e uranilo emitia alguma forma de energia sem absorvê-la do sol. Ele descobriu que, ao contrário dos raios X, a radiação podia se curvar se exposta a um campo magnético.

Novas experiências, primeiro de Becquerel, depois de Marie e Pierre Curie, revelaram que há mais materiais radiativos e três tipos de radioatividade, mas ninguém ainda sabia que forma exatamente tinha essa radioatividade. Isso só se saberia quando a estrutura do átomo passasse a ser examinada.

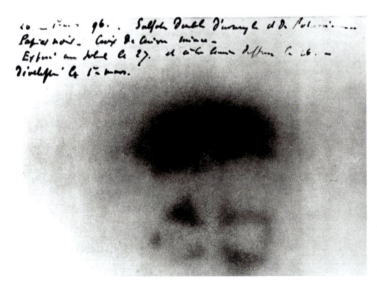

A chapa fotográfica de Becquerel que revelou a radioatividade do urânio.

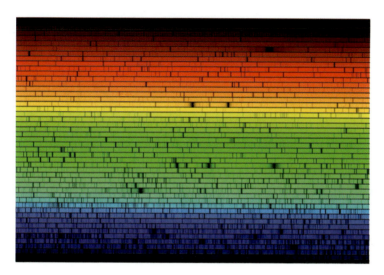

As raias pretas no espectro de absorção da luz do Sol podem ser usadas para identificar elementos que estão entre as camadas exteriores do Sol e o instrumento observador.

Hidrogênio e hélio

Os cientistas do século XIX tinham pressuposto que o Sol continha mais ou menos o mesmo que a Terra. Sem visitar o Sol para colher amostras, seria difícil verificar. Mas uma coisa vem do Sol o tempo todo e forneceria a resposta: a luz.

Raias na luz

Quando dividiu a luz do Sol num espectro de cores usando um prisma de vidro, Isaac Newton viu um arco-íris contínuo. Em 1802, o químico inglês William Wollaston refinou esse método usando uma lente para focalizar o espectro numa tela e constatou que raias pretas o cortavam. É o espectro de absorção. As raias escuras representam comprimentos de onda da luz que foram absorvidos por algo entre a fonte de luz e o observador, embora não se soubesse disso na época. Alguns anos depois, em 1815, o físico e fabricante de lentes alemão Joseph von Fraunhofer usou uma grade de difração em vez de um prisma de vidro e obteve um espectro muito mais preciso e detalhado. Ele fez estudos sistemáticos do espectro solar e publicou os seus resultados. Na década de 1820, William Talbot e John Herschel desenvolveram a espectroscopia de chama e mostraram que o espectro da chama produzida pela queima de um metal era como uma impressão digital que permitia identificar o metal. A evolução continuou, com os químicos notando que as faixas coloridas do espectro de absorção de um elemento combinavam exatamente com as raias escuras do seu espectro de emissão (a luz produzida quando ele é aquecido).

A partir da década de 1860, a equipe alemã de Robert Bunsen e Gustav Kirchhoff investigou sistematicamente os espectros dos elementos químicos. Como cada elemento tem a sua assinatura espectral própria, é possível identificar um elemento comparando um espectro com uma amostra conhecida.

CAPÍTULO 4

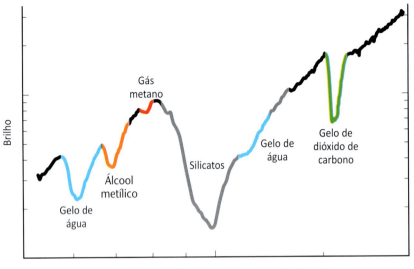

Hoje, os espectros podem revelar a composição até de objetos que não podemos ver. Esse espectro de uma protoestrela se formando a 1.149 anos-luz mostra água, dióxido de carbono, metano, álcool metílico e rocha de silicato. A protoestrela está oculta em nuvens escuras e só pode ser examinada por infravermelho.

Em 1868, quando estudava um eclipse solar, o astrônomo francês Pierre-Jules-César Janssen descobriu no espectro do Sol uma raia amarela que não conseguiu identificar. O astrônomo inglês Norman Lockyer percebeu que, como não combinava com nada conhecido, devia ser um elemento novo. Deu-lhe o nome de "hélio" pela palavra grega que significa sol, *helios*. (O hélio foi finalmente encontrado na Terra em 1895.) Embora a explicação não fosse amplamente aceita, esse foi o primeiro indício de que o Sol não é feito do mesmo material que a Terra. Exatamente o oposto foi indicado pelo trabalho de outro espectroscopista.

Partes e proporções

Em 1863, o astrônomo inglês William Huggins foi o primeiro a aplicar a espectroscopia às estrelas. Ele notou que havia muitas lacunas no espectro da sua luz. Essas lacunas representavam áreas do espectro absorvidas por elementos na atmosfera ou na superfície da estrela; parte da luz produzida dentro da estrela não chegava à Terra por causa dessa absorção. A descoberta de que elementos como cálcio e ferro estavam presentes nas estrelas foi importantíssima: indicava que os elementos que temos na Terra estavam presentes em todo o universo, que a química é literalmente universal. Na época, o pressuposto era que, provavelmente, as estrelas teriam mais ou menos a mesma composição da Terra, como Kelvin sugerira. O astrônomo americano Henry Norris Russell declarou que, se fosse aquecida até a temperatura de uma estrela, a crosta da Terra produziria quase o mesmo espectro. Mas essas conclusões estavam erradas.

BRILHA, BRILHA, ESTRELINHA

> **LEITURA DAS ESTRELAS**
>
> O espectro de uma estrela pode ser lido para revelar os átomos e íons presentes, assim como a temperatura e a pressão na superfície. A luz gerada no coração da estrela viaja (devagar) até a superfície, onde parte dela é absorvida por átomos da atmosfera. Cada íon diferente absorve uma frequência muito precisa da luz. A partir da frequência da luz absorvida (a posição das faixas escuras no espectro de absorção), é possível descobrir que íons estão presentes na atmosfera e em que concentração.

Annie Jump Cannon, fotografada aqui por volta de 1900, foi uma astrônoma de destaque em Harvard.

CAPÍTULO 4

Classificação de estrelas

No início do século XX, sob a direção de Annie Jump Cannon, astrônomos de Harvard coletaram e analisaram o espectro de milhares de estrelas. Cannon dividira as estrelas em sete classes com base nas diferenças do espectro; o pressuposto geral era que elas refletiam diferenças da temperatura na superfície das estrelas, embora não houvesse provas que corroborassem essa opinião. A astrônoma britânica Cecilia Payne descobriu o vínculo com a temperatura usando o seu conhecimento de física quântica (ciência ainda novíssima) e o trabalho sobre energia de ionização do físico indiano Meghnad Saha (1893-1956). A equação de Saha relaciona o estado de ionização de um elemento com a temperatura e a pressão. O seu trabalho foi refinado por Ralph Fowler e Edward Milne em 1923 e 1924 e facilitou o cálculo da temperatura das estrelas. A espessura de uma raia de absorção no espectro de uma estrela está diretamente relacionada à concentração do

CECILIA PAYNE (1900-1979)

Cecilia Payne estudou botânica em Cambridge, mas ficou cada vez mais interessada pela física. Depois de uma aula de Arthur Eddington sobre relatividade geral, ela voltou a sua atenção para a astronomia. Chegou a Harvard em 1923 e trabalhou na sua tese de doutorado com Harlow Shapley, diretora do observatório, e lhe deram a mesa de Henrietta Leavitt.

Dois anos depois, Payne defendeu a sua tese. O seu achado de que a composição de todas as estrelas é mais ou menos a mesma e que elas são principalmente de hidrogênio e hélio não concordava com as crenças da época, e Shapley e o seu examinador externo, Henry Norris Russell, a convenceram a não afirmar isso. Em vez de investigar os seus achados, ela fez muito esforço para explicar por que tinham de estar errados.

Em 1929, com métodos diferentes, Russell chegou à mesma conclusão que Payne. O resultado dela foi finalmente aceito e reconhecido como um trabalho brilhante. Ela continuou a trabalhar em Harvard pelo resto da vida profissional. Em 1934, casou-se com o astrofísico russo Serguei Gaposchkin, que conheceu na Alemanha e ajudou a escapar para os EUA como refugiado. A partir de então, trabalharam juntos na maioria dos seus projetos. Fumante inveterada a vida toda, Payne morreu de câncer de pulmão em 1979.

BRILHA, BRILHA, ESTRELINHA

> *"O fato de tantas estrelas terem espectros idênticos é, em si, um fato que indica a uniformidade da composição."*
>
> Cecilia Payne, 1925

elemento correspondente na atmosfera da estrela. Isso significa que a temperatura e a pressão da estrela determinam até que ponto os seus átomos ficam ionizados.

Payne estudou os espectros estelares de Cannon e concluiu que as diversas classes estavam relacionadas a diferentes temperaturas na superfície, mas não porque as estrelas tivessem composição diferente. Ela estudou a assinatura espectral de dezoito elementos e os encontrou em todas as estrelas em proporção semelhante, fosse qual fosse o tipo de estrela. O mais surpreendente era que todas as estrelas, inclusive o Sol, se compõem primariamente de hidrogênio, e que hidrogênio e hélio, juntos, constituem pelo menos 98% da massa de uma estrela como o Sol. Essa ideia foi considerada ridícula.

Como o trabalho era a tese de doutorado de Payne, ela não podia se dar ao luxo de vê-lo desdenhado. Seu supervisor Harlow Shapley enviou a conclusão dela a Russell, que a condenou como "claramente impossível". Assim, na tese defendida em 1925 Payne se referiu aos valores que encontrou para a abundância de hidrogênio e hélio como "quase certamente não reais".

Mas eram reais, e em poucos anos sua descoberta foi confirmada. O próprio Russell chegou à mesma conclusão, por métodos diferentes, em 1929.

Uma pista do que estava por vir

Embora os achados de Payne sobre a abundância de hidrogênio nas estrelas só fossem levados a sério em 1929, Arthur Eddington sugeriu, já em 1920, que as estrelas podiam ser alimentadas pela fusão nuclear do hidrogênio. Ele disse que, mesmo que as estrelas só contivessem 5% de hidrogênio, seria o suficiente para produzir a energia observada no Sol. Naquela época, conhecia-se pouquíssimo sobre a estrutura do átomo para sua ideia ser desenvolvida numa explicação completa.

Energia de proximidade

Oito anos depois, em 1928, George Gamow calculou as condições, segundo a teoria

> *"A estrela aproveita algum vasto reservatório de energia por meios desconhecidos para nós. Esse reservatório dificilmente seria outro que não a energia subatômica que, sabe-se, existe com abundância em toda a matéria; às vezes, sonhamos que algum dia o homem aprenderá a liberá-la e usá-la a seu serviço [...] [Francis] Aston demonstrou conclusivamente que a massa do átomo de hélio é menor do que a soma das massas dos quatro átomos de hidrogênio que entram nele [...] Agora, a massa não pode ser aniquilada, e o déficit só pode representar a massa da energia elétrica libertada na transmutação. Podemos, portanto, calcular imediatamente a quantidade de energia liberada quando o hélio se forma a partir do hidrogênio. Se 5% da massa de uma estrela consistir inicialmente de átomos de hidrogênio gradualmente combinados para formar elementos mais complexos, o calor total liberado mais do que bastará para as nossas exigências, e não precisamos procurar mais longe a fonte da energia da estrela."*
>
> Arthur Eddington, 1920

Bem no interior do Sol, o hidrogênio é fundido em hélio no ritmo de 600 a 700 milhões de toneladas por segundo. Os fótons liberados finalmente emergem na superfície e produzem a luz, o calor e as outras radiações do Sol. Às vezes o torvelinho que ferve no interior se manifesta em ejeções de material, como esse filamento lançado a 1.450 km por segundo.

quântica, para duas partículas subatômicas se aproximarem o suficiente para participar de uma reação nuclear. As partículas precisariam estar próximas a ponto de a força nuclear forte, que atua entre prótons e nêutrons, superar a repulsão eletrostática entre elas. Na física convencional, isso não aconteceria, mas a física quântica permite um mecanismo chamado tunelamento no qual o fenômeno pode ocorrer. O fator de Gamow foi usado na década subsequente para calcular a taxa em que se poderia esperar que reações nucleares ocorressem, dependendo da temperatura e da pressão dentro de uma estrela.

Em 1939, num artigo inovador chamado "Energy Production in Stars" (Produção de energia em estrelas), Hans Bethe pro-

BRILHA, BRILHA, ESTRELINHA

vou que a fusão produz a enorme energia emitida pelas estrelas. Ele estabeleceu dois caminhos de fusão nuclear para a produção de energia a partir do hidrogênio dentro delas. Desses dois, a cadeia próton-próton (ver quadro abaixo) é a mais relevante para as estrelas da População III.

No denso coração das estrelas, o processo de nucleossíntese continua, com o próprio hélio como matéria-prima para construir núcleos atômicos maiores (ver a página 51). Tipicamente, as estrelas da População III queimaram rapidamente o seu hidrogênio e encerraram a sua curta vida na explosão dramática de uma supernova. O papel das estrelas da População III se cumpriu quando morreram, lançando no espaço os elementos metálicos que produziram. Esses átomos passaram a fazer parte do meio interestelar e, com o tempo, formaram o material das novas gerações de estrelas, de um tipo que ainda vemos hoje, e até aquela junto à qual vivemos, o Sol.

FUSÃO NUCLEAR

Há vários estágios e mais de um caminho para obter hélio a partir do hidrogênio; não é só uma questão de espremer quatro átomos de hidrogênio para se juntarem.

- Dois prótons se fundem para formar um dipróton, forma altamente instável chamada hélio-2.

- Apenas um em 10^{28} diprótons decai como deutério, emitindo um pósitron e um neutrino. Isso acontece tão depressa que o estágio de dipróton não é observado (nem mostrado abaixo): vemos os prótons ricocheteando ou se tornando deutério.

- O deutério se combina com outro próton, forma hélio-3 e perde um fóton. Este pode se fundir com um segundo núcleo de hélio-3 e formar um núcleo de hélio-4 e dois prótons livres ou se fundir com um núcleo de hélio-4, se houver algum por perto, e produzir berílio-7. Este, então, decai para lítio-7, que se funde com outro próton para formar berílio-8 e decair imediatamente em dois núcleos de hélio-4 (núcleos normais de hélio).

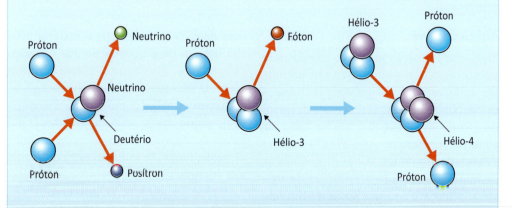

CAPÍTULO 4

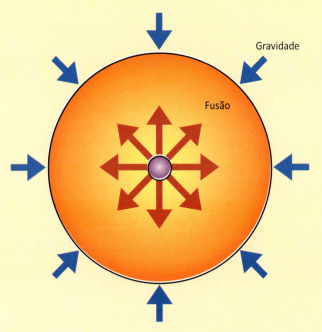

EMPURRA-EMPURRA NUMA ESTRELA

Quando começa, a fusão nuclear exerce pressão para fora a partir do núcleo da estrela. Os fótons que se deslocam pela estrela vão em direções aleatórias, mas, como o centro é pequeno, a tendência geral do movimento é para fora. Juntos, os fótons produzem pressão de radiação, que contrabalança a gravidade que puxa a estrela para dentro. Quando as duas se equilibram, o colapso gravitacional para e a estrela fica em equilíbrio hidrostático (mantém o mesmo tamanho). Isso continua durante quase toda a vida da estrela.

Agora você vê...

Toda essa formação inicial de estrelas teve no universo outro efeito que nos permite ver essas estrelas posteriores, inclusive a nossa. Ninguém tem certeza exata de quando a situação começou a mudar, mas, em algum momento por volta de 150 milhões de anos depois do Big Bang, a aglomeração de matéria, enquanto a estrutura do universo começava a surgir, produziu diferenças significativas de temperatura. As áreas com densidade de energia e matéria mais alta ficaram mais quentes do que o espaço circundante. Finalmente, algumas dessas áreas de elevada densidade de energia se tornaram estrelas, como vimos. A energia se despejou das áreas mais quentes sob a forma de fótons com vários comprimentos de onda, inclusive radiação ultravioleta de alta energia.

Nesse momento, o universo ainda estava bastante cheio de átomos neutros.

BRILHA, BRILHA, ESTRELINHA

A radiação era suficientemente poderosa para tirar os elétrons dos átomos de hidrogênio; todo o trabalho de construção de átomos feito na recombinação podia ser desfeito! Os átomos de hidrogênio antes estáveis se reduziram novamente a prótons e elétrons livres, disparando num plasma carregado. Mas o universo mudara. Estava muito maior do que antes da recombinação, e dessa vez o plasma não era denso a ponto de impedir o movimento livre dos fótons.

O massacre deve ter continuado por muitíssimo tempo, senão os elétrons e prótons teriam se recombinado rapidamente. O efeito começaria como bolhas localizadas de hidrogênio ionizado perto das estruturas em colapso e das primeiras estrelas. As bolhas teriam crescido, enquanto os fótons passavam pelas áreas de gás ionizado para criar o caos no gás atômico logo ali. As bolhas se expandiram, se superpuseram, se uniram. O ritmo deve ter aumentado quando mais estrelas se formaram, emitindo mais fótons. Depois de uns 900 milhões de anos, o gás primordial estava inteiramente ionizado, e a luz (e outras radiações eletromagnéticas) podia passar desimpedida em todas as direções. Esse período, chamado de reionização, deu fim à Idade das Trevas do universo, que voltou a ser transparente — e assim permanece.

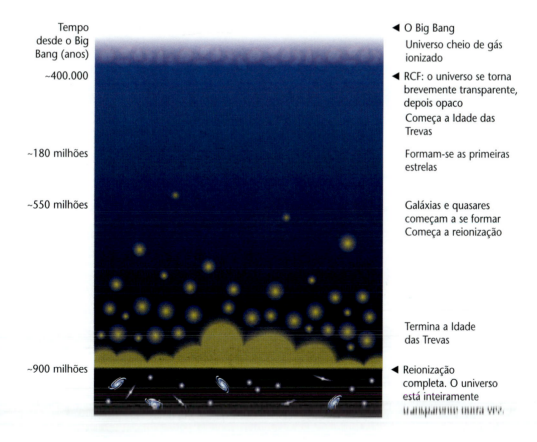

CAPÍTULO 5

A VIDA DAS ESTRELAS

"O modo como os homens chegam ao conhecimento das coisas celestes dificilmente seria menos maravilhoso do que a natureza dessas próprias coisas."

Johannes Kepler (1571-1630)

Um bilhão de anos depois do Big Bang, as primeiras estrelas tinham surgido e sumido. O espaço era transparente e já mantinha uma rede delicada de matéria que despejava luz nas trevas vazias. Dentro dos gigantescos filamentos de matéria, nascia a geração seguinte de estrelas para formar o universo que hoje vemos à nossa volta.

Porção minúscula do remanescente de uma supernova — tudo o que resta de uma estrela gigante que morreu há oito mil anos. Onde as nuvens de gás da estrela em explosão encontram gás interestelar mais frio e denso, a colisão produz luz. Muitas das primeiras estrelas terminaram dessa mesma maneira.

CAPÍTULO 5

Parte da animação da NASA que mostra a matéria de uma hipernova explodindo para longe da estrela central.

O fim do começo

As estrelas gigantes da População III teriam se queimado em milhões de anos, no fim dos quais provavelmente explodiram em imensas supernovas, espalhando hélio e outros elementos de volta no espaço e enriquecendo o meio interestelar (MI). Como muitas primeiras estrelas eram maiores e tinham mais energia do que a maioria das estrelas de hoje, suas explosões finais são chamadas de hipernovas, colapsos imensos ainda mais dramáticos do que as supernovas. Algumas estrelas extremamente grandes talvez tenham colapsado diretamente em buracos negros, sem nenhuma hipernova.

Onde elas estão agora?

Muitos objetos que observamos no universo não existem mais; nós os "vemos" por meio da radiação eletromagnética que produziram milhões ou bilhões de anos atrás. Mas, depois de 12 a 13 bilhões, é improvável que achemos muitas dessas estrelas imensas da População III.

É possível que haja uma relíquia de uma única hipernova da População III. Os cosmólogos americanos Volker Bromm e Avi Loeb acreditam que, às vezes, uma hipernova pode produzir uma imensa rajada de raios gama, tão poderosa que ainda poderia ser detectada. A estrela extinta deixa para trás um buraco negro. O satélite Swift da NASA está procurando supernovas e hipernovas e já encontrou a erupção de raios gama de uma antiga hipernova que talvez fosse uma estrela da População III. Bromm e Loeb preveem que um décimo das supernovas encontradas pelo Swift datará do primeiro bilhão de anos de vida do universo. A maioria provavelmente será das primeiras estrelas da População II, mas algumas podem ser da População III e oferecer informações novas e valiosas sobre as primeiras estrelas.

Pequenas sobreviventes

Até o fim da década de 1990, os astrônomos acreditavam que todas as primeiras estrelas eram gigantes e, portanto, não existiriam mais. Em 2012, simulações indicaram que estrelas pequenas também podiam se formar, provavelmente depois da supernova de

O retângulo amarelo à direita da imagem marca a localização da estrela 2MASS J18082002–5104378B, descoberta em 2018. Ela tem 13,5 bilhões de anos e fica na área do "disco fino" da Via Láctea.

uma estrela maior. Em 2018, astrônomos que usavam o observatório Gemini, baseado no Chile e no Havaí, encontraram dentro da Via Láctea uma pequena estrela paupérrima em metais. É uma anã vermelha com apenas 14% da massa do Sol. Disseram que tem 13,5 bilhões de anos e que ainda passa bem; as anãs vermelhas podem durar trilhões de anos (ver a página 116).

A estrela 2MASS J18082002-5104378 B é a mais antiga da galáxia. Quase inteiramente composta de hidrogênio e hélio, com apenas proporções minúsculas de outros elementos, é a nova recordista de mínima metalicidade entre todas as estrelas conhecidas. Provavelmente, se formou com os detritos de uma estrela da primeira geração. O Sol, por sua vez, provavelmente está a muitíssimas gerações das primeiras estrelas, tendo se formado com material que já tinha passado por numerosas estrelas de vida curta.

A estrela mais antiga fica a apenas dois mil anos-luz da Terra, numa área ativa da Via Láctea. Tem uma órbita em torno do centro da galáxia semelhante à do Sol, e a sua posição indica que o disco da Via Láctea pode ter três bilhões de anos mais do que os astrônomos pensavam.

Da morte à vida

As estrelas da População II evoluíram nos dois primeiros bilhões de anos da formação de estrelas. Sabe-se mais sobre elas, pois há muitas para observar e investigar. As nuvens de gás que colapsaram como

Sol   Estrela registrada há tempo   Estrela recém-descoberta

CAPÍTULO 5

> ## COMEÇOU TARDE?
>
> Em 2015, astrônomos encabeçados por David Sobral, da Universidade de Lisboa, encontraram indícios aparentes de estrelas da População III numa galáxia chamada CR7 (ou COSMOS Redshift 7) que teria 12,9 bilhões de anos. Ela é três vezes mais brilhante do que as outras galáxias da mesma idade e contém uma nuvem azul luminosa que, ao que parece, consiste apenas de hidrogênio e hélio. O resto da galáxia tem as estrelas típicas da População II. Esses 12,9 bilhões de anos são pouco para uma estrela da População III, e os astrônomos desconfiam que pode ser uma anomalia, formada mais tarde do que as outras estrelas da População III a partir de uma nuvem de hidrogênio e hélio primordiais.
>
>
>
> *Representação artística da antiga galáxia CR7. As estrelas azuis são mais antigas, possivelmente da População III, enquanto as mais vermelhas são da População II.*

estrelas eram mais ricas em hélio do que a mistura primordial e continham elementos mais pesados, produzidos nas estrelas da População III e no seu falecimento.

Quando terminaram em supernovas, as estrelas da População II liberaram ainda mais elementos pesados no meio interestelar. As estrelas da População I começaram a se formar há dez bilhões de anos e ainda estão se formando. Tipicamente, 1% a 4% da massa de uma estrela da População I se constituem de elementos mais pesados do que hidrogênio e hélio. As estrelas da População II têm apenas um centésimo dessa proporção, e as da População III, talvez apenas um décimo milionésimo.

Como o processo de formação de estrelas ainda está em andamento, podemos observá-lo diretamente. As imagens do Telescópio Espacial Hubble têm sido fundamentais para desvendar o nascimento das estrelas.

Do pó ao pó...

A nuvem de gás de um berçário de estrelas pode ter 10^{14} km de diâmetro, dez mil vezes maior do que o sistema solar. O resultado do colapso provoca vários focos de gravida-

A VIDA DAS ESTRELAS

As fotos tiradas com o Telescópio Espacial Hubble mostram as vastas e altaneiras nuvens de gás e poeira apelidadas de "berçários de estrelas". Os chamados Pilares da Criação são o exemplo mais famoso. As colunas têm anos-luz de comprimento.

de, e a nuvem se decompõe em amontoados. Cada amontoado atrairá mais gás em torno de si e vai crescer, fazer a gravidade aumentar e atrair mais gás.

A princípio, a nuvem não é muito densa, e a energia emitida pelo gás quente do amontoado pode escapar sob a forma de fótons. Conforme continua a crescer, o amontoado fica tão denso e cheio de pó que os fótons não escapam. Embora brilhem, não conseguimos observar os amontoados de gás com telescópios ópticos. A galáxia mais brilhante, descoberta em 2015, é uma antiga galáxia de pó desse tipo, observada cerca de um bilhão de anos depois do Big Bang. Embora essa pequena galáxia emitisse dez mil vezes mais energia do que a Via Láctea e queimasse com a luz de trezentos trilhões de sóis, a maior parte da energia que nos chega está na parte infravermelha do espectro, porque só os comprimentos de onda de mais longos da radiação conseguem atravessar as nuvens de pó.

A nuvem em colapso é chamada de nebulosa solar. O acúmulo rápido de energia dentro do amontoado faz a temperatu-

A galáxia criativamente batizada de WISE J224607.57-052635.0 foi descoberta pelo Wide-Field Infrared Survey Explorer (explorador de pesquisa com infravermelho em campo amplo, WISE). O buraco negro no centro da galáxia é responsável pela radiação de brilho intenso emitida.

CAPÍTULO 5

ra interna disparar, e nesse momento ele se transforma numa protoestrela.

Nascimentos múltiplos

As Nuvens Moleculares Gigantes (NMG) que dão origem às estrelas de hoje são inimaginavelmente vastas. As colunas dos Pilares da Criação são apenas uma pequena parte de uma NMG muito maior. Tipicamente, a NMG tem muitos milhões de vezes a massa do Sol e pode gerar milhares de milhões de estrelas. Quando entra em colapso, a NMG se divide em fragmentos. Como há mais de um centro de foco gravitacional, cada um formado em torno de uma área um pouco mais densa do que a média, ela fica cada vez mais "encaroçada". Cada fragmento em colapso pode formar uma ou mais protoestrelas. Em geral, uma protoestrela tem 10^{10} km de diâmetro, com temperatura de 10.000 K. Cada protoestrela nascente começa com apenas cerca de 1% da massa final, mas atrai mais matéria e deixa o local limpo de gás e poeira.

> **QUAL O TAMANHO DA ESTRELA?**
>
> Os estudos das nuvens de formação de estrelas mais próximas indicam que as estrelas do tamanho do Sol e menores do que ele são comuníssimas e as muito maiores, raras. Os astrofísicos supunham que, provavelmente, as mesmas condições existiam em todos os lugares, com uma relação bastante estável entre a massa da nuvem de formação e as estrelas produzidas. Mas, em 2018, um estudo da região de formação de estrelas W43-MM1, a 18.000 anos-luz, teve resultado surpreendente: estrelas muito grandes, de até cem vezes o tamanho do Sol, são comuns, e as estrelas menores são muito menos prevalentes.

Espiadela no berçário

Dentro da nossa galáxia, vemos como nebulosas as áreas onde estrelas estão sendo criadas. As nebulosas são manchas de luz difusa ou nublada, semelhantes a uma estrela fora de foco. Incluem tipos de objeto muito diferentes: algumas são galáxias distantes, outras ficam dentro da Via Láctea. Algumas dentro da Via Láctea são nebulosas genuínas: vastas nuvens de gás e poeira nas quais se criam as estrelas. A descoberta de que algumas dessas áreas são berçários de estrelas veio depois de duzentos anos de estudo das nebulosas. Boa parte do que sabemos a respeito do seu funcionamento vem de observações feitas com o Telescópio Espacial Hubble.

A primeira pessoa a estudar e catalogar nebulosas foi Charles Messier (ver a página 18). O seu telescópio favorito produzia ampliação de 104 vezes, com uma lente de 19 cm. Hoje, as nossas melhores imagens de nebulosas e das nuvens onde as estrelas se formam são produzidas por telescópios situados no espaço. O Telescópio Espacial Hubble, lançado em 1990, coletou muitas dessas imagens durante quase trinta anos usando um espelho primário de 2,4 m de diâmetro. O James Webb, da geração seguinte de telescópio espacial, tem um espelho de 6,4 m de diâmetro.

O Telescópio Espacial Hubble orbita a Terra numa altitude de 569 km, sem as distorções produzidas pela atmosfera. (As estrelas "cintilam" quando vistas da Terra porque a atmosfera faz a luz se desviar.) Alguns comprimentos de onda da radiação são absorvidos pela atmosfera e nunca chegam ao nível do solo, inclusive boa parte dos raios ultravioleta, gama e X (por sorte nossa, porque são prejudiciais). O Hubble funciona com a faixa de comprimento de onda da luz visível e um pouco mais de cada

A VIDA DAS ESTRELAS

lado, no infravermelho e no ultravioleta, com vários instrumentos e câmeras diferentes para registrar as suas observações. Os dados são enviados à Terra pelo rádio.

Os dados do Hubble ajudaram a estreitar a idade do universo, primeiro para 13 a 14 bilhões de anos e, mais recentemente, para 12 a 13 bilhões. Ele revelou como as estrelas se formam, confirmou a existência da energia escura e identificou quasares. A proposta de um telescópio no espaço surgiu em 1923. O astrofísico americano Lyman Spitzer sugeriu o desenvolvimento do telescópio em 1946.

No alto: Pequena parte de uma vasta região de formação de estrelas na Via Láctea chamada de nebulosa Laguna. O berçário fica a 4.000 anos-luz e tem 55 anos-luz de diâmetro. Foi catalogado pela primeira vez em 1654 e fotografado pelo Telescópio Espacial Hubble em 2018. Embaixo: O Telescópio Espacial Hubble acima da Terra.

A foto da nebulosa NGC 346, tirada em 2005 pelo Hubble, é uma imagem clara de um berçário de estrelas. Na nebulosa, a nuvem de gás colapsa para produzir protoestrelas e estrelas-bebês, algumas com apenas metade do tamanho do Sol.

Rivalidade entre irmãs

As protoestrelas de um berçário de estrelas não crescem todas no mesmo ritmo. Algumas são maiores e crescem mais depressa até o ponto em que emitem energia. A estrela cresce atraindo mais gás próximo na nuvem à sua volta, aumentando assim a sua gravidade e a capacidade de atrair mais matéria.

Algumas estrelas grandes e brilhantes têm massa muito maior do que o Sol. Emitem radiação ultravioleta em altíssima intensidade, o que aquece o gás circundante. O gás aquecido brilha, assim como o gás dentro de uma lâmpada fluorescente. Quando chega à borda da área ativa da nuvem, a radiação ultravioleta expulsa o gás, efetivamente fervendo-o no meio interestelar, num processo chamado fotoevaporação. Isolada do suprimento de gás de que se alimentava, a estrela não pode crescer mais. Algumas estrelas do berçário ficarão paralisadas no tamanho de pré-estrela, pequenas e frias demais para começar a fusão nuclear. O Telescópio Espacial Hubble revelou cerca de 50 quase estrelas na nebulosa da Águia, presas exatamente nesse estado.

Material excedente para planetas

Quando a temperatura no núcleo da protoestrela aumenta, a pressão crescente desacelera o colapso gravitacional. A protoestrela continua a se contrair lentamente, e a energia gravitacional potencial se

A VIDA DAS ESTRELAS

> **VEJA VOCÊ MESMO**
>
> Numa noite limpa e escura é possível ver indícios das nuvens de matéria do meio interestelar, que fica entre os sistemas de estrelas (como diz o nome). Onde a matéria se concentra, as grandes nuvens moleculares bloqueiam a luz. Se encontrar um lugar com escuridão suficiente para ver a Via Láctea, você notará que ela não é uma faixa de estrelas uniformemente clara, mas tem áreas escuras, com menos estrelas. Esse é o efeito produzido pelas nuvens moleculares a poucos milhares de anos-luz da Terra, que obscurecem a luz das estrelas distantes.
>
>
>
> *A Via Láctea vista da Terra.*

converte em calor. O núcleo da protoestrela irradia mil vezes mais luz do que o Sol nesse momento.

O momento angular se conserva quando a nuvem colapsa. A nuvem que girava devagar se acelera ao se contrair até girar muito depressa. É o mesmo efeito da patinadora cujo giro se acelera quando ela junta os braços no corpo.

Ao mesmo tempo, a força centrípeta atua contra a atração da gravidade. O efeito é mais forte em torno do equador da nova estrela e mais fraco nos polos. O resultado é uma faixa achatada de matéria, o chamado disco protoplanetário, que se forma num plano em torno do equador. O material ali poderia ser usado para construir planetas e outros objetos. Também atua como disco de acreção, que atrai material da nuvem de gás circundante e alimenta a estrela em crescimento.

Depois do portão de largada

Uma protoestrela de massa pequena a média se torna uma estrela T-Tauri, de brilho variável. A sua temperatura central ainda é baixa demais para começar a fusão nuclear, então por mais alguns milhões de anos a luz produzida virá da energia gravitacional do seu colapso interno. Pode variar em brilho de forma aleatória ou periódica. O brilho aleatório, que muda em qualquer intervalo de minutos a anos, pode ser produzido por irregularidades do disco de acreção. As mudanças regulares de brilho provavelmente são produzidas por áreas mais escuras ou manchas solares na superfície que se volta intermitentemente para a Terra com a rotação da estrela. O nome "estrela T-Tauri" vem da primeira dessas estrelas a ser observada, descoberta em 1953 na constelação de Taurus pelo astrônomo inglês John Hind. A própria

101

CAPÍTULO 5

T-Tauri é uma estrela novíssima, com cerca de um milhão de anos.

A jovem estrela continua a aumentar a partir do seu disco de acreção durante alguns milhões de anos até chegar à massa e temperatura críticas para que a fusão se inicie. Então, a sua massa se fixa, pois a estrela produz um forte vento solar que previne mais acreção. Alimentada pela fusão nuclear no seu centro, ela se torna uma estrela da "sequência principal".

Outra versão

O astrônomo inglês Norman Lockyer, que descobriu o hélio no espectro do Sol, tinha uma teoria bem diferente sobre a formação das estrelas. Numa hipótese baseada nas primeiras ideias de Von Mayer (ver a página 80), ele sugeriu que as estrelas são criadas por meteoritos agregados. Ele propôs que, a princípio, o espaço era ocupado por meteoritos uniformemente distribuídos. Com movimentos e colisões aleatórios, eles se agruparam e formaram enxames. Os enxames maiores são visíveis como nebulosas, que se condensam quando a gravidade aproxima os meteoros e, finalmente, se tornam tão densas que se aquecem e vaporizam, formando estrelas. Quando, finalmente, se esgotam e esfriam, as estrelas se solidificam em rocha fria.

Nesse modelo, o estado final do universo será a "morte do calor", com pedaços de rocha fria se movendo para sempre sem objetivo. As explosões brilhantes das

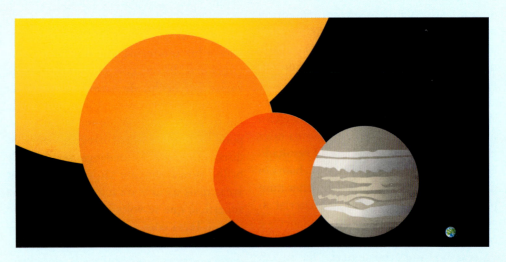

ANÃS MARRONS

Nem todas as estrelas chegam ao estrelato. As protoestrelas com massa suficiente (cerca de oitenta vezes a massa do planeta Júpiter) conseguem fazer a transição para estrelas, mas as que têm menos massa nunca conseguirão. Objetos com 13 a 80 vezes a massa de Júpiter se tornam anãs marrons, objetos escuros difíceis de detectar. A maioria delas não produz luz visível. A massa

Nosso Sol   Estrela pequena   Anã marrom   Planeta do tamanho de Júpiter   Planeta do tamanho da Terra

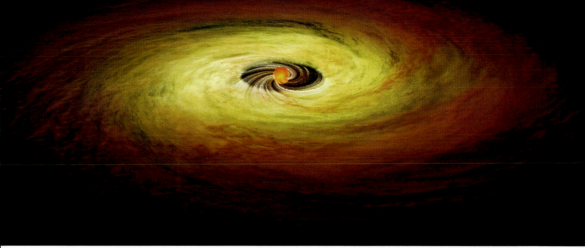

Representação artística de uma estrela em formação atraindo matéria do seu disco de acreção. Na realidade, a estrela seria muito menor em comparação com o disco.

é pequena demais para iniciar a fusão nuclear de hidrogênio, embora algumas consigam outras formas de atividade. As que têm mais de 65 vezes a massa de Júpiter podem converter lítio, e as menores, deutério (^2H), em vários isótopos. Quando visíveis, são, na sua maioria, vermelho--escuras ou magentas e parecem acastanhadas. Ainda menores do que as anãs marrons são as subanãs marrons, e qualquer coisa menor do que isso é um planeta gasoso gigante.

As anãs marrons podem ser tão quentes quanto as estrelas ao se formarem, mas, sem fusão para mantê-las, esfriam e escurecem. A maior parte da sua radiação fica em comprimentos de onda infravermelhos, e os astrônomos as estudam com câmeras de infravermelho superresfriadas. A temperatura da superfície de algumas anãs marrons mais velhas se aproxima da temperatura ambiente da Terra, e há uma atmosfera de metano e vapor d'água. A mais fria já encontrada, descoberta em 2014, tem a temperatura do Polo Norte: de $-48°C$ a $-13°C$. Fica a apenas 7,2 anos-luz do Sol; a sua proximidade e a descoberta recente confirmam como é difícil avistar esses objetos.

A existência de anãs marrons foi sugerida pelo astrofísico indiano Shiv Kumar, em 1963; o nome "anã marrom" foi cunhado em 1975. Só se encontrou uma candidata em 1988, quando se descobriu a companheira quase invisível de uma estrela; mas não se sabia se deveria mesmo ser classificada como anã marrom. A primeira anã marrom indiscutível foi achada em 1994; uma equipe de astrofísicos espanhóis, encabeçada por Rafael Rebolo, encontrou Teide 1 no aglomerado das Plêiades.

Embora o número de anãs marrons confirmadas esteja apenas na casa das centenas, uma estimativa publicada em 2017 indica que há pelo menos 25 bilhões dela, e bem provavelmente 100 bilhões só na Via Láctea.

CAPÍTULO 5

supernovas, de acordo com Lockyer, ocorrem quando a formação de estrelas acontece depressa demais. Lockyer sustentou a sua teoria com indícios da espectroscopia: afirmou ter descoberto que espectros de supernovas (e de novas e cometas) são muito parecidos com a assinatura espectral dos meteoritos e citou a presença de uma raia perto da que existe no espectro do magnésio.

Os astrônomos ingleses William e Margaret Huggins testaram a teoria de Lockyer e descobriram que a raia era próxima da do magnésio, mas sem coincidir com ela, e sugeriram que significava um novo elemento, não conhecido na Terra. Esse elemento foi chamado de nebúlio. A verdadeira natureza da raia nebular só foi descoberta em 1927, quando o físico e astrofísico americano Ira Sprague Bowen (1898-1973) a identificou como sinal do oxigênio duplamente ionizado. Essa forma "proibida" de oxigênio não pode existir na Terra, mas ocorre nas condições extremas de uma supernova.

Grupamento de estrelas

É difícil determinar o caminho de uma estrela do nascimento à morte porque só podemos observar uma fração minúscula da sua vida. Isso significa que precisamos

Norman Lockyer usa o telescópio de Newall, o maior do mundo no início da década de 1870.

A VIDA DAS ESTRELAS

> **QUEM VEIO PRIMEIRO, AS ESTRELAS OU AS GALÁXIAS?**
>
> As estrelas se concentram em galáxias, e as galáxias existem em aglomerados e até superaglomerados. Entre elas, há áreas de espaço praticamente vazio (pelo que sabemos). Mas a formação de galáxias continua um mistério.
>
> Os astrônomos desconfiam que as estrelas da População III se formaram antes das galáxias. Conforme se formavam mais e mais estrelas, grupos que podemos chamar de galáxias surgiram cerca de um bilhão de anos depois do Big Bang. Uma alternativa é que regiões granuladas de matéria se atraíram para formar galáxias. Regiões menores e densas em estrelas se combinaram e criaram grandes áreas, que acabaram se tornando galáxias. As galáxias ainda colidem e se combinam, portanto esse processo está em andamento.

descobrir como as estrelas se movem entre os estados que vemos e as várias trajetórias que podem seguir. O primeiro passo foi agrupar as estrelas por similaridades.

Desde os primeiros tempos, foi observado que algumas estrelas brilham mais do que outras. A primeira pessoa a tentar catalogar as estrelas de acordo com o brilho foi o antigo astrônomo grego Hiparco de Niceia. No século II a.C., ele compilou um catálogo de pelo menos 850 estrelas visíveis a olho nu (no céu noturno pré-poluição luminosa). O seu catálogo não sobreviveu, mas foi a base do catálogo posterior produzido por Ptolomeu. Hiparco dividiu as estrelas em três classes de acordo com o brilho: brilhantes, médias e fracas.

O egípcio greco-romano Cláudio Ptolomeu (c. 100-700 d.C.) foi o mais influente astrônomo antigo; o seu modelo de sistema solar centrado na Terra predominou durante 1.500 anos. O *Almagesto* de Ptolomeu é, dos textos astronômicos antigos, o mais completo a sobreviver. Contém tabelas que ajudam a calcular a posição dos planetas no passado, presente e futuro e um catálogo de estrelas baseado no trabalho de Hiparco. O catálogo lista 48 constelações visíveis no céu da sua localização em Alexandria, no Egito. Ptolomeu ampliou o catálogo e deu valores numéricos para o brilho (magnitude) das estrelas, numa escala de 1 a 6. As estrelas mais brilhantes são 1 e as mais fracas, 6. Ainda se usa essa escala de medição pela magnitude aparente, embora de forma modificada. Os mapas que mostram estrelas de tamanhos diferentes na verdade representam a sua magnitude aparente.

No afresco de Rafael A escola de Atenas, Ptolomeu (de túnica amarela, à direita) aparece segurando um globo.

105

CAPÍTULO 5

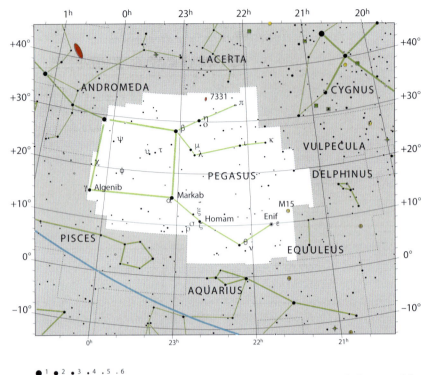

Mapa de estrelas que mostra a magnitude de várias delas.

A escala moderna vai além de 1, com números negativos, com o Sol tendo magnitude –26,74. E vai bem acima de 6 para objetos visíveis por telescópio mas não a olho nu. Os objetos não precisam mais ter um número inteiro na escala. Hoje, uma estrela é considerada de 1ª magnitude se o seu brilho ficar entre 0,5 e 1,50.

No século XIX, o astrônomo inglês Norman Pogson estabeleceu uma escala matemática baseada na premissa de que uma estrela de magnitude 1 é considerada 100 vezes mais brilhantes do que uma estrela de magnitude 6. Como há cinco passos entre as pontas da escala, o múltiplo de cada passo é $100^{1/5}$, ou um fator de cerca de 2,51. Isso significa que uma estrela de magnitude 1 é 2,51 vezes mais brilhante do que uma de magnitude 2, 2,51 × 2,51 mais brilhante do que uma de magnitude 3 e assim por diante. Pogson fixou Polaris (magnitude 2) como o padrão da escala. Essa escala é claramente extensível em ambos os sentidos, o que permite aos astrônomos dar a magnitude de corpos mais brilhantes do que uma estrela de magnitude 1 e mais obscuros do que uma de magnitude 6.

Astrônomos posteriores, ao descobrir que Polaris é levemente variável, mudaram a estrela de referência para Vega (magnitude 0). O surgimento dos fotossensores na década de 1950 possibilitou medir a intensidade da luz de uma estrela com grande precisão.

Parecer e ser

A magnitude aparente das estrelas vistas da Terra nos diz relativamente pouco. Duas

A VIDA DAS ESTRELAS

estrelas que parecem do mesmo tamanho podem ser muito diferentes: uma pode ser próxima e pequena, a outra bem distante, mas muito maior. Quando vemos estrelas no céu à noite, elas parecem estar dentro de uma cúpula escura; não há nada que nos dê noção de profundidade e mostre que algumas estão muito mais afastadas do que outras.

Os primeiros astrônomos não eram capazes de avaliar a magnitude absoluta, ou luminosidade, das estrelas. Hoje, podemos calcular a magnitude absoluta de uma estrela com base na sua luminosidade vista de uma distância-padrão de 10 parsecs (32,6 anos-luz). Por exemplo, o Sol está muito perto de nós e tem uma magnitude aparente de -26,74. A grande estrela Betelgeuse, na constelação de Órion, tem uma magnitude aparente de 0,42. O seu raio é 1.400 vezes o do Sol, mas fica a 600 anos-luz de distância. Se compararmos a magnitude de ambas a uma distância de 10 parsecs, Betelgeuse é muito mais brilhante do que o Sol; na verdade, é 18.700 vezes mais brilhante.

Embora seja útil, quantificar o brilho não nos diz muito sobre as estrelas. Uma pode ser mais luminosa do que a outra por ser mais quente ou por ser maior. Isso não nos diz se as estrelas são mais luminosas no início ou no fim da vida ou se a sua luminosidade chega a mudar. Essas informações são importantíssimas para entender a vida das estrelas e a história do universo. Para descobri-las, os astrônomos precisavam de mais informações sobre a composição e a temperatura das estrelas. Elas começaram a ficar disponíveis com a invenção da espectroscopia no século XIX. Como vimos (página 84), a espectroscopia revelou a presença de hélio no Sol antes que esse elemento fosse descoberto na Terra e se tornou um modo cada vez mais importante de investigar as estrelas.

O primeiro esquema de classificação pelo espectro foi criado pelo astrônomo italiano Angelo Secchi nas décadas de 1860 e 1870. A princípio, ele identificou três classes:

- I Estrelas brancas e azuis, com raias grossas de hidrogênio no espectro.

- II Estrelas amarelas com raias de hidrogênio menos destacadas e algumas raias de elementos mais pesados.

- III Estrelas laranjas a vermelhas, com espectros complexos.

Mais tarde, ele acrescentou mais duas classes:

- IV Estrelas com forte presença de carbono no espectro (acrescentadas em 1868).

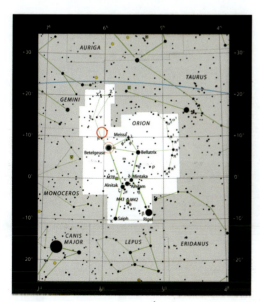

Localização de Betelgeuse em Órion (marcada em vermelho).

CAPÍTULO 5

- V Estrelas com características incomuns marcadas por emissões brilhantes no espectro (acrescentadas em 1877).

O catálogo Draper

Na década de 1880, uma iniciativa ambiciosa de catalogação de estrelas terminou no Harvard Observatory. Foi o legado de Henry Draper, físico e fotógrafo amador. Em 1872, Draper tirou a primeira fotografia do espectro de uma estrela (Vega). Ele fez avançar o desenvolvimento de técnicas e projetos de equipamento, mas morreu de pleurisia em 1882, com 45 anos. A viúva criou um fundo para produzir, em sua homenagem, um catálogo completo de espectros estelares. O astrônomo americano Edward Pickering assumiu o projeto e contratou uma grande equipe de mulheres para processar os espectros. O seu trabalho se tornou o catálogo Draper. O método para produzir os espectros do catálogo foi semelhante ao usado por Secchi (e antes, Fraunhofer), mas os resultados foram preservados como fotografias. A luz de cada estrela foi decomposta no seu espectro por um prisma de vidro e depois focalizada numa chapa fotográfica para registrá-lo. As astrônomas, conhecidas como "Calculadoras de Pickering" e até como o "Harém de Pickering", eram extremamente mal pagas e recebiam alguns centavos por hora. Mas, num período de anos, elas produziram uma obra de importância revolucionária, sobre a qual se baseou a astronomia do século XX. Até o fim do projeto, a equipe processou quase um quarto de milhão de estrelas.

O primeiro volume do catálogo foi publicado em 1890 e dava a classificação

As astrônomas do Harvard College Observatory em 1917.

A VIDA DAS ESTRELAS

ENTRE AS RAIAS

A relação das raias escuras do espectro de absorção com o movimento dos elétrons entre os níveis de energia do átomo só seria revelada com o trabalho de Niels Bohr. Os elétrons só podem existir em orbitais, ou níveis específicos de energia dentro do átomo. Quando o átomo é estável, os elétrons passeiam nos seus orbitais, sem mudanças. Quando um átomo recebe a quantidade exata de energia sob a forma de um fóton, o elétron pode ser levado de um nível de energia a outro. Cada orbital está associado a um nível específico de energia, e os elétrons só podem pular se ganharem a quantidade exata de energia.

Imagine que haja uma nuvem de hidrogênio entre uma fonte de luz e o observador que lê o seu espectro. A fonte de luz produz fótons com várias quantidades diferentes de energia. Qualquer fóton com exatamente 10,2 eV (elétron-volts) será absorvido pelos átomos de hidrogênio, que podem usá-lo para promover os seus elétrons do primeiro para o segundo nível de energia. Eles também podem captar fótons com 1,89 eV para levar o elétron do segundo para o terceiro nível. O observador verá raias pretas correspondentes a esses valores do espectro na luz que passou pela nuvem de hidrogênio, porque os fótons com essa energia foram removidos. Há valores equivalentes para promover elétrons entre níveis de energia nos átomos de outros elementos. Assim, ao olhar o espectro de absorção, o espectroscopista habilidoso descobre quais elementos estão presentes numa nuvem de gás. Quando olhamos o Sol ou outra estrela, a fonte de luz é o núcleo da estrela, e a sua atmosfera constitui a nuvem de gás que capta alguns fótons.

CAPÍTULO 5

> ### WILLIAMINA FLEMING (1857-1911)
>
>
>
> Fleming nasceu Williamina Stevens em Dundee, na Escócia. Frequentou a escola local até os 15 anos e lá se tornou professora-aprendiz. Casou-se com 20 anos e emigrou para Boston, nos EUA, com o marido. Ele a deixou grávida, e ela arranjou emprego como criada de Pickering para sustentar a si e ao filho bebê. Em 1881, o patrão a empregou para realizar serviço burocrático no Harvard Observatory. Quando Pickering assumiu a tarefa de produzir o catálogo Draper em 1886, a vida dela melhorou. Logo foi encarregada de uma equipe de mulheres que processavam as fotografias espectrais de estrelas. Fleming concebeu um esquema de classificação com base no de Secchi, só que muito aperfeiçoado, que ainda é a base dos esquemas usados hoje. Em 1899, ela foi nomeada curadora de fotografias astronômicas de Harvard.
>
> Num período de quatro anos, Fleming e a sua equipe processaram os espectros de dezenas de milhares de estrelas. Ela descobriu a nebulosa Cabeça de Cavalo e mais 58 outras, 310 estrelas variáveis e dez supernovas. Também descobriu anãs brancas, estrelas densas e quentíssimas perto do fim da vida, e publicou a seu respeito em 1910. Como reconhecimento pelas suas realizações, em 1906 ela se tornou membro honorário da Royal Astronomical Society de Londres. Morreu de pneumonia em 1911, com 54 anos.

espectral de dez mil estrelas. O método de classificação desse volume foi projetado por Williamina (ou Wilhelmina) Fleming e se baseava no esquema de Secchi, que usou as raias escuras do espectro de absorção. Naquela época, ninguém sabia o significado pleno das raias escuras, mas isso não limitou a sua utilidade como "impressão digital" das estrelas.

Letras e números

Com base no esquema de Secchi, Fleming usou algarismos romanos até de I a V, mas criou mais categorias e lhes atribuiu letras do alfabeto. Ela começou com A a N, depois acrescentou O, P e Q (Q para estrelas com espectros que consistam principalmente de raias claras, P para nebulosas planetárias e Q para estrelas que não se encaixavam nas outras classes). Antonia Maury Draper (sobrinha de Draper), outra mulher do Harvard Observatory, desenvolveu o seu sistema próprio de classificação estelar que voltava aos numerais romanos de I a XXII. Isso a deixou em desacordo com Pickering, e ela saiu de Harvard por

A VIDA DAS ESTRELAS

A nebulosa Cabeça de Cavalo, na constelação de Órion, fica a 1.500 anos-luz da Terra. Williamina Fleming a descobriu em 1888.

alguns anos, mas o seu sistema foi usado em trabalhos posteriores.

Annie Jump Cannon, outra das "calculadoras", modificou o sistema que Fleming desenvolvera: removeu metade das categorias e reordenou as outras para obter a sequência O, B, A, F, G, K e M, com P e Q para nebulosas planetárias e esquisitices. A razão do reordenamento foi sequenciar por temperatura e não por quantidade de hidrogênio e fazer de uma propriedade física das estrelas o fator determinante. Na sequência de Cannon, O representa a categoria de estrelas mais quentes e M, mais frias; o Sol é uma estrela de categoria G.

A mudança se baseou no cálculo de qual seria a temperatura da estrela com base no espectro da energia emitida.

A temperatura efetiva da estrela, deduzida a partir do espectro, é a temperatura que um corpo negro ideal (ver a página 112) com a mesma área precisaria para produzir a mesma energia. Cannon continuou a refinar o seu trabalho e desenvolveu um sistema para classificar as estrelas intermediárias em duas categorias.

Em 1912, ela lançara as bases do sistema atual, adotado em 1922 pela União Astronômica Internacional. Injustamente, foi chamado de sistema Harvard em vez de

Equipe de "calculadoras" de Pickering no Harvard Observatory.

CAPÍTULO 5

LUZ, CALOR E CORPOS NEGROS

Se for suficientemente aquecido, um objeto começará a brilhar e a irradiar luz. A princípio a luz é vermelha, mas fica amarela e, finalmente, branca quando a temperatura sobe. Em 1900, Max Planck percebeu que o comprimento de onda da luz emitida por um objeto aquecido está diretamente relacionada à sua temperatura. Quando a temperatura sobe, o comprimento de onda da radiação emitida diminui, e a intensidade da radiação aumenta.

Na física, "corpo negro ideal" é aquele que absorve toda a radiação que nele incide e não reflete nada — por isso, fica preto. Não há nenhum objeto conhecido que seja um corpo negro perfeito, mas um pedaço de carvão chega perto. O corpo negro ideal é o padrão para estabelecer o vínculo entre temperatura e comprimento de onda. Os astrônomos conseguem calcular a temperatura de uma estrela comparando o seu espectro com espectros padronizados de corpos negros em temperaturas diferentes. A partir daí, é possível descobrir a intensidade da luz da estrela.

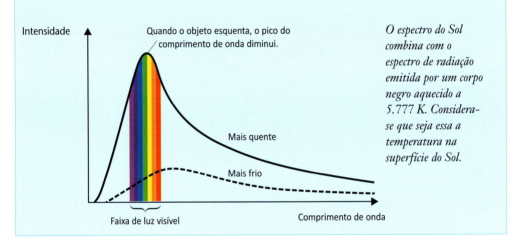

O espectro do Sol combina com o espectro de radiação emitida por um corpo negro aquecido a 5.777 K. Considera-se que seja essa a temperatura na superfície do Sol.

---

sistema Cannon. Cannon catalogou mais de 350.000 estrelas no decorrer da sua carreira, e, depois de aperfeiçoar a sua habilidade, ela conseguia avaliar e classificar uma estrela em apenas três segundos.

Óculos e câmeras de infravermelho funcionam captando a radiação infravermelha, de comprimento de onda longo, emitida por corpos vivos. A temperatura corporal é bastante baixa e não podemos ver uma pessoa ou animal no escuro (quando não refletem luz visível), mas eles brilham no infravermelho o tempo todo devido ao calor do corpo (ver a imagem na página ao lado).

A montagem das peças

Hoje, o sistema Harvard subdivide cada uma das classes de Cannon em dez subgrupos, dependendo das características de absorção do espectro. Isso dá uma boa indicação da temperatura de uma estrela, mas nada diz sobre a sua luminosidade. É impossível saber o tipo ou o brilho de uma estrela só pela sua classe Harvard (O, B, A, F, G, K, M). Em 1943, William Wilson Morgan e Philip C. Keenan acrescentaram mais uma camada de classificação e produziram o sistema de classificação estelar Morgan-Keenan (ou MK) usado hoje.

A VIDA DAS ESTRELAS

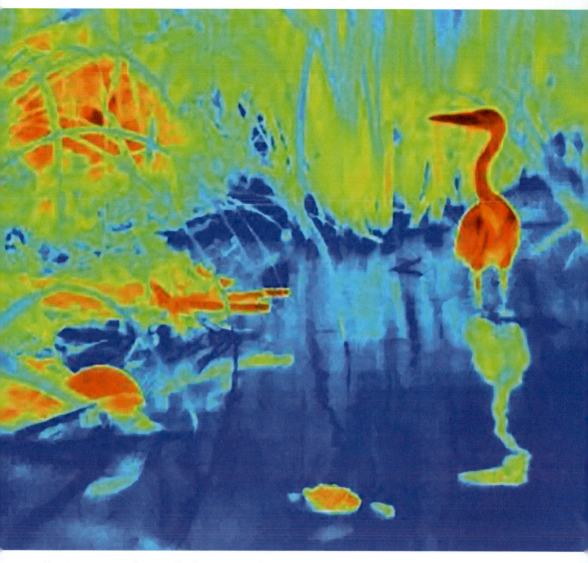

Essa imagem em infravermelho de uma cena à beira d'água mostra claramente o calor das coisas vivas.

O sistema Morgan-Keenan começa com a letra de Harvard e lhe acrescenta um número na faixa de 0 a 9 (0 = mais quente, 9 = mais frio) para mostrar onde fica a estrela naquela faixa de temperatura. Um algarismo romano indica a luminosidade, de 0 (ou Ia) a V, sendo V a menos brilhante. A luminosidade é determinada pela largura de certas raias de absorção do espectro, que variam com a densidade da atmosfera da estrela. Em consequência, esse sistema distingue estrelas de tipos diferentes, como uma supergigante ou anã vermelha (ver a página 114), porque têm densidade diferente. Na classificação MK, o Sol é uma estrela G2V: estrela padrão, amarela, da sequência principal.

CAPÍTULO 5

CLASSIFICAÇÃO DE ESTRELAS

Estrelas classificadas por temperatura:
- **O** mais de 30.000 K, descritas como azuis
- **B** 10.000-30.000 K, azul-brancas
- **A** 7.500-10.000 K, brancas
- **F** 6.000-7.500 K, amarela-brancas
- **G** 5.200-6.000 K, amarelas
- **K** 3.700-5.200 K, laranja
- **M** 2.400-3.700 K, vermelhas

Estrelas classificadas por luminosidade:
- **O (Ia+)** hipergigantes ou supergigantes extremamente luminosas
- **Ia** supergigantes luminosas
- **Iab** supergigantes com luminosidade intermediária
- **Ib** supergigantes menos luminosas
- **II** gigantes brilhantes
- **III** estrelas gigantes normais
- **IV** subgigantes
- **V** estrelas da sequência principal (anãs)

Classe O | Classe B | Classe A | Classe F | Classe G | Classe K | Classe M

Parte do trabalho de Antonia Maury envolvia dividir as estrelas de acordo com a largura das raias do seu espectro. O astrônomo e químico dinamarquês Ejnar Hertzsprung percebeu que as estrelas com raias estreitas tendiam a se mover menos contra as estrelas de fundo do que outras com a mesma classificação espectral. Ele acreditava que isso indicava que as estrelas de raias estreitas eram mais luminosas e usou a paralaxe para calcular a distância entre vários grupos dessas estrelas, o que lhe permitiu estimar a sua magnitude absoluta.

Em 1913, Henry Norris Russell estudou as estrelas gigantes identificadas por Hertzsprung com base nos dados de Maury, as estrelas próximas com paralaxe conhecida e vários aglomerados e grupos para os quais se podia calcular distâncias e magnitudes absolutas. Ele pôs no mesmo gráfico a classe espectral e a magnitude absoluta.

Hertzsprung e Russell descobriram um padrão que agrupa as estrelas e que ficou conhecido como diagrama de Hertzsprung-Russell. As versões modernas usam temperatura e luminosidade (a versão teórica, que usa valores calculados) ou cor e magnitude absoluta (a versão observada, que usa valores que podem ser medidos diretamente). Efetivamente, os dois conjuntos de eixos mostram a mesma coisa, porque a cor corresponde à temperatura e a luminosidade tem relação direta com a magnitude absoluta.

Hoje, o diagrama de Hertzsprung-Russell é uma das ferramentas mais úteis da astronomia. O astrônomo consegue descobrir que tipo de estrela observa procurando seu lugar no gráfico. Por exemplo, quando se descobre que uma estrela é quente (portanto, no lado esquerdo do diagrama), ela ficará num dos três grupos seguintes: anã branca, estrela da sequência principal ou hiper/supergigante. Se tiver baixa luminosidade (ou magnitude

A VIDA DAS ESTRELAS

TAMANHO E RADIAÇÃO

A relação entre o tamanho de uma estrela e a radiação que emite é definida pela lei de Stefan-Boltzmann, deduzida por Josef Stefan em 1879 com base em dados experimentais e, teoricamente, por Ludwig Boltzmann em 1884. A lei afirma que a energia total (todos os comprimentos de onda) irradiados por unidade de área da superfície de um corpo negro num período fixo é diretamente proporcional à temperatura elevada à 4ª potência (isto é, temperatura × temperatura × temperatura × temperatura). Em consequência, se soubermos a área da superfície da estrela ou de outro corpo e pudermos medir a radiação emitida, conseguimos calcular a sua temperatura. Se soubermos a temperatura e um outro valor, podemos calcular o valor final, seja a energia emitida, seja a área.

absoluta), terá de ser uma anã branca. Se tiver luminosidade ou magnitude absoluta altíssima, terá de ser uma hiper/supergigante. E se tiver boa luminosidade ou magnitude absoluta, mas não altíssima, será uma estrela da sequência principal.

A próxima pergunta óbvia é: o que tudo isso significa?

Organização do zoológico astronômico

Em meados do século XX, os astrônomos tinham um bom meio de classificar estrelas; também tinham telescópios ópticos e radiotelescópios. Sabiam que as estrelas ficavam em grupos claros, mostrados pelo diagrama de Hertzsprung Russell, mas não como esses grupos se relacionavam com a evolução estelar.

A sequência principal

Um exame do céu noturno revela estrelas em estágios diferentes da vida, mas também em épocas diferentes da história, por causa da sua distância de nós. Assim, embora vejamos as estrelas próximas praticamente como são hoje, vemos as muito distantes como eram há milhares ou, em galáxias longínquas, há milhões ou até bilhões de anos.

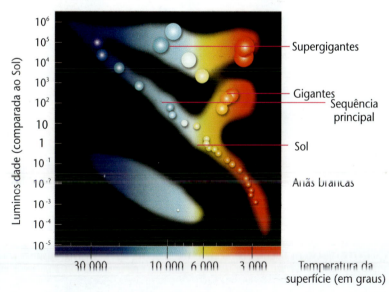

O diagrama de Hertzsprung-Russell relaciona a temperatura e a luminosidade das estrelas e mostra os seus grupos principais. O longo grupamento diagonal mostra as estrelas da sequência principal que estão na parte ativa da vida.

CAPÍTULO 5

A maioria das estrelas do universo pertence à sequência principal. Passaram pelos estágios de protoestrela e estrela T-Tauri e agora estão na meia-idade, forjando hélio a partir de hidrogênio dentro do núcleo. Isso faz sentido estatístico, porque as estrelas levam um tempo relativamente curto para começar a funcionar e para decair no fim da vida. Como mostra o diagrama de Hertzsprung-Russell, as estrelas da sequência principal podem ser de qualquer tamanho, de O a M; o ciclo de vida varia de acordo com o tamanho.

Devagar e sempre

O menor tamanho de uma estrela para começar a fusão é de cerca de 0,075 vezes a massa do Sol (massas solares). Essas estrelas são classificadas como anãs vermelhas; são frias e duram muito tempo, provavelmente trilhões de anos. O seu tamanho é de 0,075 a 0,5 da massa solar. Nas que têm 0,4 a 0,5 da massa solar, a fusão acontece em toda a estrela, não só no núcleo, o que amplia bastante o tempo em que continuam formando hélio. As anãs vermelhas só têm cerca de 10% da luminosidade do Sol; assim, embora a maioria das estrelas da Via Láctea seja de anãs vermelhas, nenhuma pode ser vista a olho nu. Como elas vivem muito, o universo não tem idade suficiente para conter anãs vermelhas que não sejam jovens. Os astrônomos só podem teorizar como terminaria a sua vida. É provável que a anã vermelha passe diretamente para a fase de anã branca (ver a página ao lado) sem formar nebulosa; ela não tem energia gravitacional suficiente para fundir o hélio em elementos mais pesados.

Estrelas como o nosso Sol são anãs amarelas. Tipicamente com 0,8 a 1,4 vezes a massa do Sol, são estrelas da sequência

A VIDA DAS ESTRELAS

> **QUAL É A DIFERENÇA?**
> Não há linha divisória clara entre as estrelas anãs vermelhas e amarelas. Os astrônomos passaram a classificá-las de acordo com o tamanho, a temperatura e o comprimento de onda da radiação que produzem, mas na verdade há uma linha contínua de estrelas, das mais frias às mais quentes, das menores às maiores. Elas não se formam por métodos radicalmente diferentes nem vêm de lugares radicalmente diferentes. Outras civilizações de outros mundos podem criar divisões completamente diversas entre essas estrelas.

principal que durarão bilhões de anos. O sol tem uma expectativa de vida de cerca de dez bilhões de anos. As estrelas brancas são estrelas maiores da sequência principal, com massa 1,4 a 2,1 vezes maior do que a do Sol.

Velozes e furiosas

O nível de estrela seguinte, com 10 a 100 vezes a massa do Sol, é a gigante azul. Tem de 10 a 1.000 vezes a luminosidade do Sol. Como as estrelas da População III com que se parece superficialmente, a gigante azul é quentíssima, ativa e, em consequência, tem vida curta. As supergigantes e hipergigantes azuis são ainda maiores e mais brilhantes. A mais brilhante já encontrada tem 10 milhões de vezes mais brilho do que o Sol.

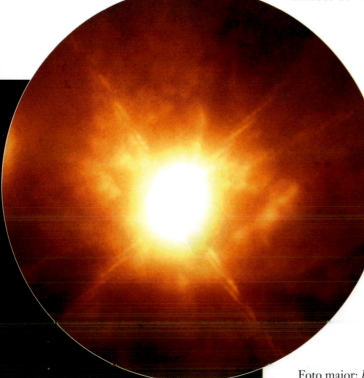

Foto menor: Eta Carinae é um sistema de duas estrelas quatro milhões de vezes mais brilhante do que o Sol. A estrela principal é uma azul variável e luminosa, provavelmente com cerca de apenas um milhão de anos, que terminará como supernova relativamente cedo.

Foto maior: Representação artística de uma anã vermelha com um exoplaneta em órbita (embaixo à direita). As protuberâncias em arco resultam da atividade magnética.

CAPÍTULO 5

As gigantes, supergigantes e hipergigantes azuis são estrelas da sequência principal.

Como as estrelas se comem

O que as estrelas fazem durante o seu período na sequência principal é consumir os materiais de que são feitas. Como vimos (página 89), no coração das estrelas o hidrogênio é fundido em hélio. Quatro núcleos de hidrogênio formam um único núcleo de hélio, mas o núcleo de hélio tem um pouquinho menos de massa do que os núcleos de hidrogênio somados. A massa extra é emitida como energia (fótons). Isso segue a equação de Einstein:

$$E = mc^2$$

onde E é a energia produzida, m é a diferença de massa entre as partículas iniciais e finais e c^2 é a velocidade da luz ao quadrado. A diferença de massa entre os núcleos de hidrogênio e o núcleo de hélio é minúscula, $4{,}8 \times 10^{-29}$ kg (ou seja, zero, vírgula, 28 zeros, 48 kg), mas a velocidade da luz ao quadrado é um número imenso. O resultado é que a energia produzida com cada ato minúsculo de fusão atômica é de cerca de quatro trilionésimos de joule ($4{,}3 \times 10^{-12}$ joules). Não parece muito, mas no coração de uma estrela muito hidrogênio é fundido a cada segundo. Numa estrela como o Sol, há hidrogênio suficiente para manter a fusão durante uns dez bilhões de anos.

Aumento da produção

Quando é grande e quente o bastante, a estrela pode mudar para um modo diferente chamado nucleossíntese CNO (carbono-nitrogênio-oxigênio). Ela só pode fazer isso se a temperatura chegar a 20 milhões K.

A nucleossíntese CNO é mais produtiva do que a cadeia próton-próton e a via dominante para produzir hélio em estrelas com mais de 1,3 vez a massa do Sol. O ciclo foi proposto de forma independente por Carl von Weizsäcker em 1938 e por Hans Bethe em 1939. Só pode ocorrer em

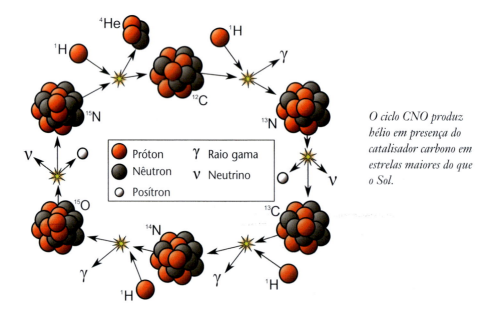

O ciclo CNO produz hélio em presença do catalisador carbono em estrelas maiores do que o Sol.

A VIDA DAS ESTRELAS

presença de carbono, que catalisa a reação na sequência:

- um núcleo de carbono-12 captura um próton e emite um raio gama, produzindo nitrogênio-13.

- o nitrogênio-13 é instável e decai para carbono-13, emitindo um pósitron (uma partícula beta).

- o carbono-13 captura um próton e se torna nitrogênio-14, emitindo um raio gama.

- o nitrogênio-14 captura outro próton e se torna oxigênio-15, emitindo um raio gama.

- o oxigênio-15 se torna nitrogênio-15 e emite um pósitron.

- o nitrogênio-15 captura um próton e produz um núcleo de hélio (partícula alfa) e carbono-12, retornando ao catalisador original.

Isso só funciona se, para começar, houver carbono. Não era uma opção para as primeiras estrelas, mas representa uma fusão eficiente nas estrelas das Populações II e I.

A maior parte do carbono é fundido dentro das estrelas gigantes vermelhas. A atmosfera dessas estrelas é fria o suficiente para o carbono gasoso se condensar em partículas sólidas, isto é, grupos de átomos que se mantêm juntos. A pressão da radiação vinda de dentro da estrela lança as partículas no espaço, e elas se tornam ingredientes do meio interestelar. O mesmo processo leva outros elementos condensados para o meio interestelar. Mesmo antes de morrer, a estrela aumenta a mistura cósmica.

A LONGA JORNADA DO FÓTON

A matéria estelar é densíssima, umas 150 vezes mais densa do que a água. Conforme as reações vão ocorrendo dentro da estrela, o excedente de energia é liberado como um fóton de raio gama. O fóton esbarra num átomo e é novamente irradiado, em geral numa direção diferente. Em vez de viajar constantemente na velocidade da luz, ele viaja com velocidade numa distância minúscula até atingir outro átomo, parar e ser redirecionado. A velocidade média é de cerca de um quarto de milímetro por segundo, ou menos de 2 cm por minuto.

Mais cedo ou mais tarde (em geral, mais tarde), cada fóton encontra, por acaso, o caminho da zona radiativa, uma região imensa que ocupa quase metade da profundidade da estrela. Em geral, o fóton levará muitos milhares de anos para fazer essa viagem. Na zona radiativa, os fótons continuam a ser reirradiados, mas agora o seu comprimento de onda aumenta. Eles caem até a luz visível e outras formas de energia com comprimento de onda mais longo. Os últimos 30% da profundidade da estrela são a zona convectiva. A energia é levada de lá por correntes de convecção em que o gás quente dá voltas num círculo das profundezas à superfície.

Da superfície da estrela, a energia pode escapar para o espaço. Os fótons, agora com níveis diferentes de energia, saem da estrela e formam a mistura de luz visível, infravermelho, ultravioleta, raios X e outras formas de radiação que conseguimos detectar. A jornada até a superfície pode ter levado cem mil anos. Então, o fóton percorre a distância do Sol à Terra em apenas oito minutos.

CAPÍTULO 5

O aglomerado NGC 3532 contém cerca de quatrocentas estrelas. Algumas menores ainda são azuis; muitas grandes já se tornaram gigantes vermelhas, e as ainda maiores já chegaram ao fim da vida como supernovas. O aglomerado fica a 1.300 anos-luz da Terra e tem cerca de trezentos milhões de anos.

A VIDA DAS ESTRELAS

Estrelas envelhecidas

Para as estrelas, quanto maior o tamanho, mais cedo vem a velhice. Quando envelhecem, as estrelas grandes, de 0,5 até 8 a 10 vezes a massa do Sol, se tornam gigantes ou supergigantes vermelhas.

Quando uma estrela dessas funde todo o hidrogênio do núcleo em hélio e as reações nucleares cessam, o núcleo se contrai sob a sua própria gravidade. Não há mais a pressão para fora da fusão para equilibrar a atração para dentro da gravidade; o equilíbrio se perde e a gravidade predomina. Mas a contração puxa mais hidrogênio das partes mais externas da estrela para uma área onde a temperatura e a pressão são suficientemente altas para a fusão. Então, a fusão de hidrogênio recomeça numa casca em torno do núcleo. O resultado é que as áreas externas da estrela se expandem enormemente. A energia da fusão de hidrogênio na casca se espalha por uma área maior, e a temperatura média cai. Conforme a estrela esfria, a luz visível irradiada se desvia para a extremidade vermelha do espectro, e ela se torna uma gigante vermelha.

O que acontece em seguida depende do tamanho da estrela. Numa estrela com 0,5 a 2 massas solares, o núcleo ficará cada vez mais denso e quente até fundir o hélio, formando carbono e oxigênio, elementos mais pesados. Quando chega à condição crítica de cerca de 100 milhões K, o núcleo inteiro começa a fundir hélio ao mesmo tempo, no chamado "relâmpago de hélio". As estrelas maiores começam a fusão de hélio de forma mais gradual, sem o relâmpago. Quando, por sua vez, o hélio se exaure, o núcleo se encolhe outra vez. O hélio pode começar a se fundir numa casca fora do núcleo, como aconteceu com o hidrogênio. O hidrogênio também pode se fundir em novas cascas além da casca de hélio.

Depois de cerca de um bilhão de anos como gigante vermelha, a estrela, muitíssimo expandida, ejeta as camadas externas para formar uma nebulosa planetária parecida com uma nuvem, deixando no centro apenas o núcleo denso de carbono e oxigênio, a chamada anã branca. Tipicamente, a anã branca tem mais ou menos o tamanho da Terra, mas com 200.000 vezes a sua densidade. Se conseguíssemos trazê-la à Terra, uma colher de chá do material de uma anã branca pesaria quinze toneladas. Esse é o destino que aguarda finalmente o Sol.

As anãs brancas ainda são quentes e irradiam energia, mas esfriarão lentamente. Algum dia, não produzirão energia suficiente para brilhar e se tornarão anãs negras: torrões frios e incrivelmente densos de matéria que são invisíveis no universo. Ainda não pode haver nenhuma anã negra, porque levará trilhões de anos para as anãs brancas esfriarem a esse ponto.

O círculo vermelho manchado no centro da parte inferior é um relâmpago de hélio — uma anã branca pega no ato de se expandir de volta ao tamanho de anã vermelha para continuar fundindo hélio.

CAPÍTULO 5

Sumindo, sumindo... sumiu

As estrelas maiores morrem de jeitos diferentes. As estrelas com pelo menos dez vezes a massa do Sol podem ir além do carbono-oxigênio e fundir até elementos mais pesados, como ferro e níquel. O ferro é o elemento mais pesado que pode se formar no coração de uma estrela. Fundir elementos até ferro e níquel libera energia, mas há gasto de energia para fazer elementos mais pesados; logo, estes não podem ser feitos pela nucleossíntese estelar. Finalmente, quando não conseguem mais fundir ferro, as estrelas morrem catastroficamente.

> **QUEIMA PELAS CAMADAS**
>
> As estrelas grandes que fundem elementos mais pesados não duram tanto quanto as menores. Uma estrela como o Sol pode queimar hidrogênio durante cerca de dez bilhões de anos. Uma estrela com 25 vezes a massa do Sol pode fundir carbono, mas só por seiscentos anos; então, pode fundir neônio durante um ano e oxigênio por seis meses. Quando chega à temperatura de três bilhões K, pode fundir silício em ferro, mas exaure o suprimento num único dia, deixando apenas o núcleo férreo.

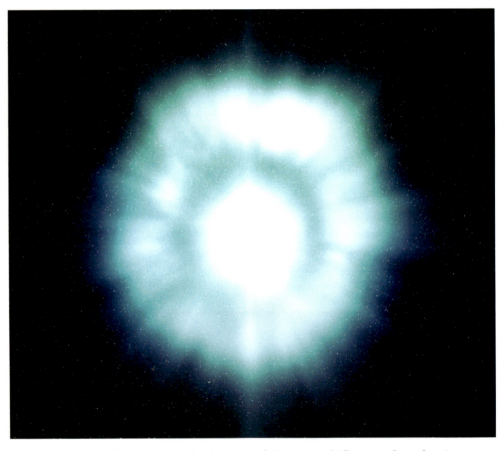

Representação artística de uma explosão de raios gama, o fenômeno mais brilhante e poderoso do universo. Criada quando uma estrela imensa estoura, em geral a explosão de raios gama dura apenas segundos ou horas.

A VIDA DAS ESTRELAS

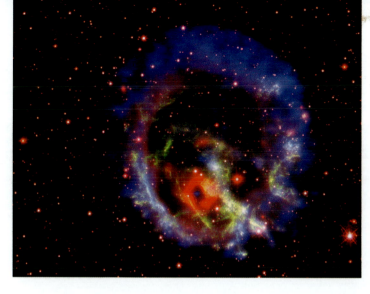

Essa imagem composta de uma área da Pequena Nuvem de Magalhães inclui a primeira estrela de nêutrons encontrada fora da nossa galáxia. A sua localização é o ponto azul dentro do círculo vermelho à esquerda.

Quando o núcleo é de ferro, a fusão nuclear não é mais possível. A interrupção súbita da produção de energia faz o núcleo se contrair e as camadas externas caem sobre ele. Mas elas colapsam com tanta rapidez que ricocheteiam no núcleo de ferro quase com a velocidade da luz. Uma onda de choque estilhaça a estrela numa explosão que brilha brevemente cem milhões de vezes mais do que a estrela original, às vezes com tanto brilho quanto uma galáxia inteira.

Quando o núcleo colapsa de fora para dentro, a pressão no seu meio é tão intensa que os átomos são esmagados; prótons e elétrons são forçados a se unir e se tornar nêutrons.

O núcleo da ex-estrela consiste inteiramente de nêutrons: ela se tornou uma estrela de nêutrons. A matéria de uma estrela de nêutrons é tão densa que uma colher de chá pesaria quatro bilhões de toneladas. O núcleo da estrela ainda tem massa maior do que o Sol, mas amontoada num corpo com apenas 16 km de diâmetro.

Estrelas enormes, com massa 50 vezes maior do que a do Sol, nem deixam uma estrela de nêutrons para trás. Elas também terminam numa supernova, mas o material do núcleo está sob gravidade tão imensa que forma um buraco negro. A estrela se foi; mas no seu fim há um novo começo.

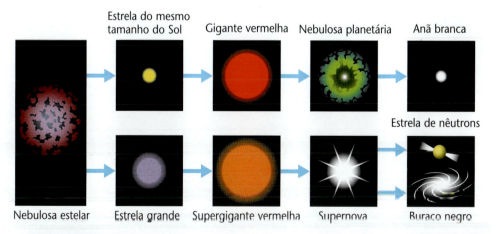

A vida das estrelas, pequenas e grandes.

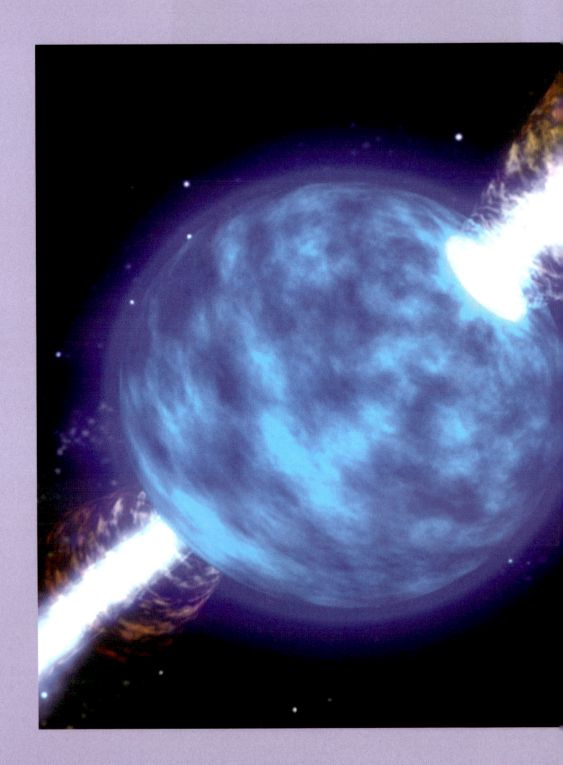

CAPÍTULO 6

A "FÊNIX DA NATUREZA"

"Esses sóis ardentes [...], com o séquito dos seus planetas dissolvidos pelo calor inefável, dispersarão o material da sua massa no antigo espaço da sua esfera de formação, e lá o material para novas formações é fornecido pelas mesmas leis mecânicas por meio das quais o espaço vazio pode novamente se povoar de mundos e sistemas [...] essa fênix da natureza, que só se queima para se erguer rejuvenescida das cinzas para uma nova vida por toda a infinidade do tempo e do espaço."

Immanuel Kant, 1755

Não temos nenhuma prova das primeiras hipernovas que destruíram as estrelas da População III. Devem ter sido espetaculares, além da imaginação. O que os astrônomos aprenderam sobre as supernovas veio daquelas que podemos testemunhar, o falecimento de estrelas da População I na Via Láctea e em outras galáxias.

Essa representação artística mostra os momentos anteriores a que uma grande estrela Wolf-Rayer vire supernova, em que jatos de matéria são ejetados com velocidade próxima da luz.

Ver supernovas

As supernovas brilham tanto que algumas são visíveis na Terra mesmo a olho nu. A última a ser facilmente visível foi a supernova de Kepler, em 1604.

Convidadas no céu

Em 4 de julho de 1054, astrônomos chineses e árabes registraram uma supernova ou "estrela convidada" especialmente brilhante. Os indícios arqueológicos mostram que ela também foi observada por indígenas norte-americanos. Os astrônomos chineses têm a mais antiga tradição de examinar e registrar estrelas, e os registros a olho nu deixados por esses primeiros astrônomos se mostraram valiosíssimos.

Os registros chineses mencionam 75 "estrelas convidadas" entre 532 a.C. e 1054, embora talvez nem todas tenham sido supernovas. Desde 1054, só duas foram visíveis a olho nu. Das "estrelas convidadas" registradas, a mais antiga a ser identificada como provável supernova surgiu em 185 d.C. De acordo com o texto chinês, ela permaneceu visível por oito a vinte meses (dependendo da interpretação). Hoje, o remanescente de supernova G315.4-2.3 se encontra na região do céu onde a estrela convidada foi registrada. Os astrônomos chineses registraram outra estrela convidada em 393 d.C., agora ligada ao remanescente de supernova SN393 na constelação de Escorpião (embora não haja certeza da sua identificação). Outras possíveis supernovas ocorreram em 369, 386, 437, 827 e 902 d.C., o que parece muito para pouco mais de quinhentos anos, mas nenhum remanescente foi associado a elas.

A próxima supernova espetacular testemunhada de forma definitiva aconteceu em 1006. Ao que parece, foi a estrela mais brilhante já vista no céu noturno. Foi registrada na China, no Egito, no Iraque, na Itália, no Japão e na Suíça e, possivelmente, na França, na Síria e na América do Norte. Em 2003, uma equipe comandada pelo astrônomo americano Frank Winkler associou o registro a um remanescente de supernova quase invisível hoje. Ao observar a velocidade de crescimento

Esse petróglifo deixado pelo povo anasazi em Peñasco Blanco, no Novo México, talvez registre a supernova de 1054. Em intervalos de 18,5 anos, a Lua e a Terra estão na mesma posição de 1054 em relação às estrelas. Quando a Lua está na posição indicada pela mão no céu de Peñasco Blanco, o telescópio revela o remanescente da SN1054 na posição da estrela do petróglifo.

A "FÊNIX DA NATUREZA"

> "Uma estrela convidada apareceu dentro de Nan-men; era grande como meia esteira; era multicolorida e flutuava. Aos poucos, ficou menor e desapareceu no sexto mês do ano depois do ano seguinte. De acordo com o prognóstico-padrão, isso significa insurreição."
>
> Fan Yeh, *Livro de Han*, c. 450

do remanescente, calculou-se que ficava a cerca de 7.100 anos-luz da Terra (de modo que o evento testemunhado em 1006 realmente ocorreu perto de 6106 a.C.). Provavelmente, foi uma supernova tipo Ia, que sempre tem a mesma luminosidade. Se calcularmos a partir da distância, podemos dizer que o seu brilho, observado da Terra, ficaria entre a lua cheia e Vênus.

A supernova de 1054 (hoje designada SN1054) deixou um remanescente conhecido como nebulosa do Caranguejo. O evento foi a explosão de uma estrela a 4.000 anos-luz de distância. Essa estrela convidada foi tão brilhante que ficou três semanas visível, mesmo durante o dia, e só desapareceu completamente dois anos depois. Estranhamente, não há registros europeus da supernova, talvez porque, fora dos centros árabes de erudição, a astronomia fosse subdesenvolvida.

Muito, muito longe

Embora astrônomos chineses, japoneses, coreanos e árabes registrassem as suas observações, é claro que não sabiam o que era uma supernova. Em 1572, a próxima supernova espetacular a ocorrer foi vista pelo astrônomo dinamarquês Tycho Brahe (1546-1601). Ele foi o último grande astrônomo a olho nu; o telescópio foi inventado alguns anos depois da sua morte.

Embora não soubesse o que era a supernova, Brahe fez uma mudança enorme na astronomia ocidental com base nela. Até aquela época, a opinião predominante era a de Aristóteles: o céu é perfeito e imutável. Isso se adequava à Igreja cristã, pois sustentava a noção da Criação por um ser divino. Afinal de contas, por que Deus criaria um céu imperfeito que tivesse de mudar?

O surgimento de uma nova estrela pôs em dúvida essa opinião. O pressuposto imediato foi de que era um cometa sem cauda. Acreditava-se que os cometas eram fenômenos sublunares, algo que acontecia abaixo da esfera da Lua e, portanto, não realmente no céu, talvez algum tipo de evento climático. Tycho tentou medir a paralaxe da nova estrela; o fato de não conseguir demonstrou que estava muito mais longe do que se acreditava.

Golpe de sorte

Outra supernova espetacular ocorreu alguns anos depois, em 1604, o que permitiu que mais astrônomos vissem o evento raro.

Como Brahe, Galileu não conseguiu calcular a paralaxe da supernova. Kepler, que trabalhara com Brahe, usou essa ausência de paralaxe para defender que ela estava na esfera das estrelas fixas, solapando ainda mais a postura do céu perfeito. A supernova ficou três semanas visível durante o dia e dezoito meses à noite. Em 1941, uma nuvem de gás remanescente, associada à supernova de 1604, foi identificada pelo telescópio de 100 polegadas (254 centímetros) do Mount Wilson Observatory. Acredita-se que esteja a menos de vinte mil anos-luz.

Nem todas as supernovas dentro da Via Láctea são visíveis na Terra. A super-

CAPÍTULO 6

Tycho Brahe

A "FÊNIX DA NATUREZA"

TYCHO BRAHE (1546-1601)

Tycho (ou Tyge) Brahe nasceu na nobreza dinamarquesa. Criado pelo tio, viajou pela Europa quando jovem e estudou em várias universidades. Interessou-se por astronomia e alquimia e comprou instrumentos astronômicos. Também ficou famosa a sua participação num duelo com outro estudante em 1566, em que perdeu parte do nariz. Brahe usou uma prótese metálica sobre a lesão pelo resto da vida.

Brahe voltou à Dinamarca em 1570 e lá assistiu à "nova estrela" de 1572 que, hoje, é o remanescente de supernova SN1572. Convencido de que uma astronomia melhor só viria da observação rigorosa, aceitou o oferecimento do rei Frederico II da Dinamarca de construir um observatório e fundou Uraniborg na ilha de Hven, ao largo do litoral de Copenhague. Aquele se tornaria o melhor observatório da Europa. Brahe projetou e fez novos instrumentos, treinou novos astrônomos e montou um cronograma de observações noturnas que produziu os dados astronômicos mais completos e valiosos da época. As observações noturnas talvez pareçam uma exigência fundamental de um observatório, mas a prática dos astrônomos era só fazer observações em pontos-chave da órbita de um planeta (ou da Lua). O padrão de observação contínua de Brahe revelou anomalias antes não notadas.

Finalmente, Frederico II morreu. Brahe não se entendeu bem com o novo rei e deixou Uraniborg em 1597. Viajou dois anos pela Europa e, em 1599, se instalou em Praga, na corte do imperador Rodolfo II. O grande astrônomo alemão Johannes Kepler foi a Praga trabalhar com Brahe e assumiu o problema de calcular a órbita de Marte.

Brahe era um personagem extravagante. Tinha um alce de estimação, que finalmente morreu depois de rolar uma escada, quando o dono o levou a um banquete onde o animal bebeu cerveja demais. A vida do próprio Brahe chegou ao fim depois de outro banquete em que, por medo de ofender, não se levantou para se aliviar, sofreu uma infecção ou um rompimento da bexiga e morreu dez dias depois.

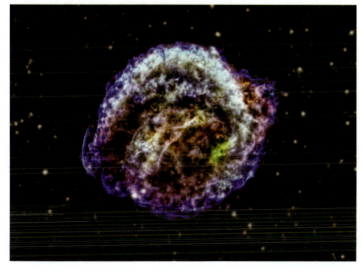

SN1604 é o remanescente da supernova de Kepler, observada em 1604.

Representação artística das duas anãs brancas do sistema binário J0806, a 1.600 anos-luz de distância. As estrelas completam a órbita a cada 321 segundos e estão se aproximando. Atualmente a apenas 80.000 quilômetros uma da outra, acabarão se fundindo.

nova mais recente conhecida, chamada SNIa G1.9 +0.3, ocorreu entre 1890 e 1908, provavelmente causada pela união de duas anãs brancas. Foi descoberta em 1984 a partir de observações com o telescópio VLA, mas não ficou visível na época porque a nuvem densa de gás e poeira do centro da galáxia a escondeu. Cerca de 120 anos depois, o remanescente tem 2,6 anos-luz de diâmetro.

Embora não se tenha observado nenhuma outra supernova dentro da Via Láctea, algumas em outras galáxias foram visíveis a olho nu. Por brilharem brevemente mais do que uma galáxia inteira, às vezes podem ser avistadas. Galáxias do tamanho da Via Láctea têm uma supernova a cada cinquenta anos, mais ou menos, mas há tantas galáxias que, no universo conhecido, surge uma a cada segundo.

Trabalhar de trás para a frente

Como indica o relato de Fan Yeh no ano 450 d.C., as supernovas tinham significado astrológico, mais do que astronômico. Até Kepler ganhava dinheiro com astrologia e, aparentemente, acreditava na sua legitimidade. Em 1604, não havia conhecimento da ciência das estrelas; em geral, elas eram consideradas luzes fixadas no interior de uma esfera que cercava a Terra, segundo o modelo proposto por Ptolomeu (ver a página 105). A investigação frutífera das supernovas só pôde começar depois do desenvolvimento da espectroscopia, em meados do século XIX.

A "FÊNIX DA NATUREZA"

"A vastidão interminável das nebulosas"

Em meados do século XIX, não havia como distinguir os diversos tipos de nebulosa, aqueles objetos parecidos com nuvens catalogados por Messier (ver a página 18). O astrônomo anglo-irlandês William Parsons (Lord Rosse) examinara várias nebulosas com o seu telescópio de reflexão de 6 pés (180 centímetros), sem rival na época. Até ele relatou em 1850 que "o tema se tornou [...] mais misterioso e mais inabordável". Em 1863, o reverendo Thomas Webb, outro astrônomo inglês, ponderou que as nebulosas estariam a distâncias tão "inabordáveis" que jamais seriam esclarecidas individualmente. As nebulosas, perguntou-se ele, indicariam que algumas partes do céu estão cheias de um fluido luminoso (leitoso, como a Via Láctea, talvez)? Ele esperava que o desenvolvimento de telescópios cada vez melhores respondesse às perguntas dos astrônomos, que se viam "sem guia na vastidão interminável das nebulosas".

Uma dificuldade era que os objetos celestes só podiam ser registrados se os astrônomos desenhassem meticulosamente o que viam pelo seu telescópio. Quando algo tão controvertido quanto a aparente mudança de formato de uma nebulosa entrava em questão, era fácil argumentar que os desenhos tinham sido mal interpretados ou mal copiados. O primeiro uso da fotografia no estudo das nebulosas foi no registro dos desenhos dos astrônomos, não das nebulosas em si. Em 1880, Henry Draper tirou a primeira foto de uma nebulosa (Órion), mas a qualidade da imagem estava longe de ser tão clara quanto a visão de um astrônomo pelo telescópio.

Metamórficas

Muitas nebulosas de Messier eram galáxias ou aglomerados de estrelas. Essas são está-

Fotografia de Draper da nebulosa de Órion, tirada em 1880.

CAPÍTULO 6

Fotografia de Andrew Common da nebulosa de Órion, M42, tirada em 1883 com exposição longa.

veis: ficam iguais ano após ano. Mas a nebulosa de uma supernova muda de forma e tamanho com o passar do tempo. A mudança do formato de algumas nebulosas observadas foi notada bem depressa. Em 1861, John Russell Hind notou que um aglomerado de estrelas que observara dez anos antes parecia ter desaparecido. Como isso poderia acontecer? O aglomerado ou nebulosa estava associado a uma estrela brilhante que a princípio chamou a atenção de Hind. A estrela, classificada como *nova* ("novo objeto"), aparecera de repente, tão perto da nebulosa que as duas pareciam se tocar. Então, a estrela brilhante se obscureceu quase até a invisibilidade. Hind se perguntou se estaria ligada de algum modo à nebulosa ou se a nebulosa poderia ser variável, como as estrelas variáveis. Aquela nova estrela parecia ser variável. Outra possibilidade era que algo escuro tivesse se movido diante da nebulosa, mas não havia como saber como o ou que seria. Era um enigma.

As estrelas variáveis entram no quadro

Observações extensas com telescópios relativamente poderosos levaram os astrônomos a notar flutuações do brilho de algumas estrelas. Em 1848, Hind descobriu e mapeou três estrelas variáveis (inclusive T-Tauri, que dá nome às estrelas T-Tauri) e notou as flutuações de uma estrela conhecida. Norman Pogson, que trabalhava na Índia desde 1861, descobriu 106 estrelas variáveis,

> "Que tema para pensar e que campo de observação não sonhado há um ano ou dois temos aqui! [...] o que são nebulosas, já que, com certeza, não são o que nossos livros-textos descrevem? [...] Essas e mil outras perguntas são sugeridas pelas escassas observações que possuímos no presente em relação aos fenômenos não previstos da variabilidade das nebulosas."
>
> Norman Lockyer, 1864

À esquerda: *A jovem estrela LL Orionis cercada de gás em movimento no berçário de estrelas da nebulosa de Órion.* À direita: *O astrônomo inglês John Herschel.*

outras 21 possíveis variáveis e sete possíveis supernovas. Algumas estrelas variáveis tinham uma curiosa associação com nebulosas, como a que Hind observou até 1861.

Em 1863, John Herschel registrou que uma estrela associada a uma nebulosa no céu do hemisfério sul brilhara muito de 1837 a 1838, ficara ainda mais brilhante até 1843 e começara a se apagar em 1850. Ainda mais surpreendente: o formato da nebulosa associada mudara de forma considerável. Os esboços de Herschel descrevem um formato de fechadura, mas 25 anos depois os astrônomos constataram que a nebulosa era aberta no alto e embaixo. Herschel escreveu que, se a mudança relatada pudesse ser confirmada, talvez fosse "a coisa mais espantosa que já ocorreu na astronomia sideral".

As descrições de nebulosas variáveis aumentaram na década de 1860, mas nada substancial se alterou em termos de entendimento até que, em 1864, William Huggins, pioneiro da espectroscopia estelar, voltou a sua atenção para as novas. Ele começava a perceber que o espectro das estrelas dava pistas sobre a sua formação química e características físicas. Estava convencido de que havia um "plano" semelhante em todo o universo, com o mesmo material e as mesmas condições físicas comuns a todas as estrelas. Ele queria saber se as nebulosas tinham as mesmas condições e se conseguiria discernir uma "distinção *física* essencial" entre elas e as estrelas. Esperava, talvez, uma diferença de temperatura ou densidade, não de composição química, pois estava bastante convencido de que a matéria química do universo era praticamente universal.

Listras surpreendentes

Huggins partiu do pressuposto de que, se as nebulosas fossem aglomerados de estrelas, o seu espectro deveria mostrar todos os elementos químicos encontrados nas estrelas, com um fundo contínuo de cor quebrado por algumas raias escuras de absorção. Se fossem nuvens de gás onde as estrelas estariam se formando, as nebulosas mostrariam as raias brilhantes do espectro de emissão produzido por chamas e fagulhas.

CAPÍTULO 6

William Huggins foi um pioneiro da espectroscopia astronômica.

> "Agora o leitor talvez seja capaz de imaginar para si, até certo ponto, a sensação de suspense empolgado, misturado a um grau de assombro, com que, depois de alguns momentos de hesitação, aproximei o olho do espectroscópio. Eu não estaria prestes a espiar um lugar secreto da criação?"
>
> William Huggins, escrevendo em 1897 sobre as suas experiências de 1864

Huggins teve sucesso ao voltar o seu espectroscópio para a nebulosa Olho de Gato, e o que viu o deixou completamente surpreso.

Ele viu uma única raia brilhante de uma cor. Numa inspeção mais atenta, encontrou mais duas raias de uma só cor, muito espaçadas. Claramente, a nebulosa que escolhera não tinha nada a ver com o Sol. Ao olhar outras nebulosas planetárias, ele encontrou a mesma assinatura, mas, a princípio, não sabia direito como relacionar isso com o que seriam as nebulosas. Se fossem aglomerados de estrelas, seriam estrelas completamente diferentes do Sol e de outras estrelas que ele estudara.

A assinatura espectral indicava que as nebulosas eram nuvens de gás ou, pelo menos, corpos com uma protossuperfície gasosa. E a sua composição era uma mistura de hidrogênio e nitrogênio ou alguma substância até então desconhecida na Terra. O trabalho de Huggins revelou que, embora algumas nebulosas exibam a marca registrada das estrelas e sejam provavelmente aglomerados (ou, como se descobriu mais tarde, galáxias), outras têm a assinatura das nuvens gasosas.

Uma nova nova

Em 1866, Huggins fez as primeiras observações espectroscópicas de uma nebulosa na constelação Coronae Borealis. Em maio, o astrônomo amador irlandês John Birmingham tinha visto uma estrela de nona magnitude se acender de repente e se tornar uma estrela de segunda magnitude. Escreveu ao *The Times* a respeito, mas, como o jornal não publicou a carta, ele buscou a opinião de Huggins sobre o assunto. Huggins examinara o espectro da nova apenas quatro dias antes, quando ela já estava sumindo. Encontrou as raias características do hidrogênio quente e chegou a uma conclusão espantosa. Ele propôs que uma explosão cataclísmica poderia estar por trás do estouro súbito de luz, e, na explosão, o gás hidrogênio forçara a expulsão de uma nuvem brilhante. Depois de apenas nove dias, a nova estrela brilhante sumiu. Hoje, a fraca estrela variável T Coronae Borealis é visível no local da supernova.

Walter Baade e Fritz Zwicky criaram o termo "supernova" em 1934 para descrever a explosão e não o remanescente. Eles trabalhavam no Mount Wilson Observatory; observaram uma supernova na galáxia de Andrômeda, hoje chamada S Andromedae (SN1885A), e sugeriram que a supernova

A "FÊNIX DA NATUREZA"

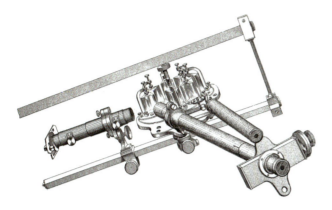

O "espectroscópio" ou espectrômetro de Lockyer, com o qual ele descobriu o hélio na atmosfera do Sol.

NASCIMENTO OU MORTE?

Depois da hipótese nebular de Laplace (ver a página 170), a explosão de luz das novas foi interpretada primeiro como o instante em que uma estrela nascia, em vez do momento da sua morte. De acordo com essa teoria, quando tinha energia suficiente para começar a se comportar como estrela, a parte central do disco rotativo "ligava" com um relâmpago dramático.

James Jeans tinha outra explicação. De acordo com seu modelo de universo estático, abastecido com material novo quando necessário, ele via a nebulosa como um tipo de porto onde a matéria nova era entregue: "o centro das nebulosas são os 'pontos singulares' da natureza em que a matéria se despeja no nosso universo, vinda de alguma outra dimensão espacial inteiramente extrínseca, de modo que, para um residente do nosso universo, elas são como os pontos onde a matéria é continuamente criada." (1928)

Observatório CLARS em Mount Wilson, no sul da Califórnia.

CAPÍTULO 6

ocorre quando a estrela colapsa como estrela de nêutrons e produz raios cósmicos.

Pouco tempo depois, em 1938, Baade ligou uma nebulosa ao remanescente de uma supernova e sugeriu que a nebulosa do Caranguejo era o remanescente da SN1054, a supernova registrada por astrônomos chineses em 1054. Ele ressaltou que, embora o

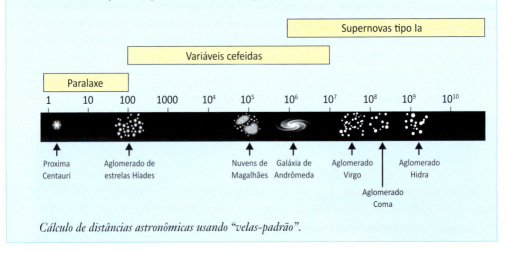

Cálculo de distâncias astronômicas usando "velas-padrão".

remanescente parecesse uma nebulosa planetária, a taxa em que se expandia eliminava essa interpretação. Ele também propôs que uma supernova tipo Ia fosse usada como indicador de distância.

Mais de um tipo

Em 1941, o astrônomo germano-americano Rudolph Minkowsky, que trabalhava com Baade, classificou as supernovas em dois tipos, I e II, pela assinatura espectral. Essa primeira distinção se baseou em características do espectro e não em diferenças da real natureza e origem das supernovas. Hoje, os astrônomos distinguem os tipos Ia e Ib/Ic, de espectros semelhantes e causas bem diferentes.

O tipo Ia, usado como vela-padrão, resulta da interação de dois objetos. Uma

A "FÊNIX DA NATUREZA"

FIQUE LONGE

As supernovas produzem uma quantidade imensa de energia, despejada no espaço como raios gama. Por sorte, o nosso Sol não é do tipo de estrela que termina em supernova; mas muitas estrelas próximas são. Até que ponto é possível estar perto de uma supernova e sobreviver? As estimativas de 50 a 100 anos-luz de distância talvez nos deixem mais seguros, embora provavelmente haja algumas centenas de estrelas nessa faixa que poderiam produzir supernovas.

Se uma estrela, digamos, a 30 anos-luz da Terra terminasse numa supernova, os raios gama provavelmente causariam mutações aqui; eles podem destruir a camada de ozônio, produzir neblina de óxido nitroso na atmosfera, mudar o clima e destruir o fitoplâncton e as comunidades dos recifes que constituem a base da cadeia alimentar do oceano. A extinção em massa seria muito provável. A estimativa da frequência desses eventos varia de 15 a 240 milhões de anos. A Terra já passou por cinco extinções em massa, e não se identificaram razões para todas elas. É possível que a Terra já tenha sofrido uma extinção em massa causada por uma supernova próxima.

Atualmente, a principal candidata a supernova espetacular bastante próxima na nossa galáxia é a imensa estrela Betelgeuse, que pode implodir a qualquer momento, de amanhã até daqui a um milhão de anos. Felizmente, ela fica a uma distância bastante segura — 430 anos-luz —, mas seria um espetáculo brilhante. Calcula-se que supernovas a menos de 600 anos-luz da Terra ocorram menos de uma vez a cada cem mil anos.

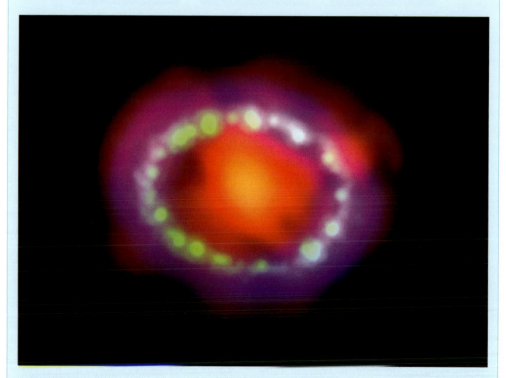

SN 1987A foi a supernova mais próxima da Terra em centenas de anos, e a mais brilhante desde 1572. Ardeu com cem milhões de vezes a potência do Sol.

CAPÍTULO 6

SUPERNOVAS

Supernova tipo I

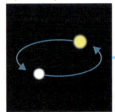

Esse tipo de nova ocorre em sistemas estelares binários com pelo menos uma das estrelas classificada como anã branca.

Uma estrela absorve material da colega e, em consequência, acumula massa. Isso acaba provocando uma reação nuclear em cadeia.

A reação nuclear culmina com a estrela chegando à densidade crítica, quando explode numa supernova. Raios gama também podem ser emitidos.

Supernova tipo II

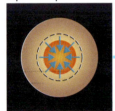

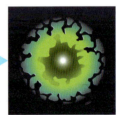

Depois de perder a capacidade de fundir elementos pesados com estabilidade, a estrela não consegue mais manter o equilíbrio gravitacional e o núcleo colapsa sobre si mesmo.

O núcleo se expande em rápida sucessão e, em seguida, libera no espaço as camadas externas de gás, que formam uma nebulosa.

Quando a poeira assenta, sobra uma estrela de nêutrons ou buraco negro (dependendo da massa da estrela).

anã branca rouba material da companheira e se torna quente a ponto de começar a fundir carbono. Passa pela fase de fusão nuclear que, em poucos segundos, leva ao colapso catastrófico da estrela. A magnitude da explosão de luminosidade é constante: −19,3 (cinco bilhões de vezes mais brilhante quanto o Sol). As supernovas do tipo Ib/c são produzidas pelo colapso de imensas estrelas de Wolf-Rayet (estrelas gigantes que já fundiram todo o seu hidrogênio e estão fundindo hélio ou elementos mais pesados).

Em 1946, Fred Hoyle propôs o que acontecia dentro de uma supernova. Ele sugeriu que a fusão nuclear de elementos pesados removia do sistema energia suficiente para possibilitar o colapso gravitacional. A estrela se tornaria instável e expeliria elementos no espaço interestelar. Mais tarde, na década de 1960, Hoyle e William Fowler examinaram melhor a ideia de que a fusão nuclear rápida alimentaria a supernova.

Quando uma supernova foi notada na Grande Nuvem de Magalhães poucas horas antes de começar em 1987, os astrônomos observaram o seu desenvolvimento e o período posterior e confirmaram as teorias sobre a sua formação.

Depois da tempestade

A supernova é o fim da vida para as estrelas (ou par de estrelas) da sequência principal, mas também é o começo de algo novo. O colapso em si envolve uma quantidade tão imensa de energia e pressão que tipos de síntese nuclear que não eram possíveis no

A "FÊNIX DA NATUREZA"

MEIO A MEIO

As substâncias radioativas mudam perdendo energia de várias formas. Há três tipos de radiação: partículas alfa, partículas beta e raios gama. As partículas alfa são núcleos de hélio: dois prótons e dois nêutrons. As partículas beta são elétrons (ou pósitrons) com muita energia. Os raios gama são fótons que atuam como ondas. Quando um átomo perde uma partícula alfa, o seu número atômico muda e ele se torna um elemento diferente.

Rutherford notou que elementos radiativos diferentes decaíam em ritmos diferentes. Sua taxa de decaimento é especificada sob a forma de meia-vida, período necessário para metade dos átomos de uma amostra da substância decair. A meia-vida dos elementos radiativos varia de frações minúsculas de segundo a mais do que a idade do universo.

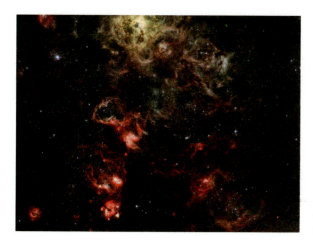

A SN 1987A fica nos arredores dessa imensa nebulosa.

núcleo da estrela podem começar. A fusão do ferro, que exige (mais do que libera) energia, pode se realizar no ambiente extremamente energético da supernova. Elementos mais pesados, como ouro, plutônio e urânio, também são produzidos. Eles ingressam no meio interestelar e se tornam disponíveis nas nuvens moleculares que formarão a geração seguinte de estrelas. A Terra e tudo o que há nela, inclusive nosso próprio corpo, são feitos de átomos forjados no coração das estrelas ou lançados à existência na agonia da sua morte cataclísmica.

Isso não significa que todos os átomos de elementos mais pesados do que o ferro foram definitivamente forjados numa supernova. Alguns elementos são produzidos pelo decaimento radiativo de outros elementos e surgem com o passar do tempo. Dos 118 elementos hoje conhecidos, 92 são encontrados naturalmente na Terra. Os outros foram forçados a existir nos aceleradores de partículas, mas podem também ser produzidos nas condições extremas das supernovas ou no decaimento radiativo.

O decaimento radiativo é a decomposição dos núcleos atômicos. A radiatividade foi observada pela primeira vez por Becquerel (ver a página 82), que examinava o comportamento de sais de urânio. O urânio é um nuclídeo primordial, um tipo de núcleo que existia quando a Terra se formou, no início do sistema solar. Há 253 nuclídeos estáveis, que são versões dos elementos não radiativos que não mudam. Há mais nuclídeos estáveis do que o total de elementos porque alguns elementos têm vários isótopos (configurações nucleares diferentes). Além disso, há 33 nuclídeos não estáveis (radiativos).

A composição atual da Terra não pode nos revelar o que seria criado numa supernova. Por um lado, o nosso sistema solar é apenas um único exemplo de estrela da População I e do seu séquito de planetas, e estamos olhando um instantâneo dele 4,55 bilhões de anos depois da sua formação. Se examinássemos um planeta formado há dez bilhões de anos, alguns nuclídeos não estáveis talvez tivessem desaparecido. Se olhássemos um planeta criado há poucos milhões de anos, veríamos nuclídeos que, na Terra, já decaíram faz tempo e se transformaram em outra coisa.

Por exemplo, se algum chumbo-212 fosse criado numa supernova e chegasse ao nosso sistema solar, nunca o encontraríamos. O chumbo-212 tem meia-vida de apenas 10,6 horas. Decai em bismuto-212, com meia-vida de apenas uma hora, que decai em polônio-212 ou tálio-208. A meia-vida do polônio é de menos de um milionésimo de segundo, e a do tálio, de pouco mais de três minutos. Ambos decaem em chumbo-208, o isótopo está-

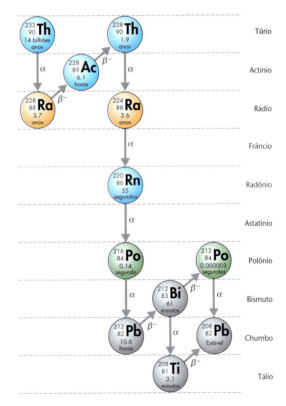

Cadeia de decaimento do tório-232 até o chumbo-208

A "FÊNIX DA NATUREZA"

vel do chumbo que é abundante na Terra. Olhando o chumbo, não há como saber se foi criado numa supernova como chumbo-208 ou se é o produto de uma cadeia de decaimento.

Outros elementos decaem muito devagar. O telúrio-128 tem meia-vida de $2,2 \times 10^{24}$ anos, ou cerca de 160 trilhões de vezes a idade do universo. É tão estável que, se os primeiros colonos dos atuais Estados Unidos tivessem levado consigo um grama de telúrio-128 para o continente americano em 1620, há uma boa chance de que nenhum átomo tivesse decaído até hoje.

A cadeia curta que vai do chumbo-212 ao chumbo-208 surge no fim do decaimento do tório-232, um nuclídeo primordial com meia-vida de 14 bilhões de anos (mais ou menos a idade do universo). A maior parte do tório-232 criado por estrelas das Populações III ou II que virassem supernova ainda estaria por aí, mas uma boa quantidade já pode ser chumbo-208. Depois do tório, o elo da cadeia com meia-vida mais longa é o rádio-228: 5,7 anos. Assim que a cadeia de decaimento começa, é provável que o átomo chegue ao fim bem depressa.

Isso significa que, quando examinamos os elementos que nos cercam na Terra (ou em outro planeta, ou mesmo em outro sistema solar ou galáxia), podemos descobrir que vêm de várias fontes: forjados no interior de uma estrela, na explosão de uma supernova ou como resultado do decaimento radiativo. O decaimento radiativo também pode ser provocado pela ação de raios cósmicos em elementos que, não fosse assim, se manteriam num ambiente relativamente estável.

Deixados para trás

A explosão de uma supernova dura apenas segundos ou minutos. O material é lançado longe no espaço e viaja com velocidade imensa num percurso que levará milhares, milhões ou até bilhões de anos até ser incorporado a outra estrela. Enquanto isso, ele faz parte do meio interestelar. Mas o núcleo colapsado da estrela fica para trás.

Estrela escura

Como vimos, a pressão no interior da estrela colapsada é tão imensa que a matéria pode ser esmagada e só ter nêutrons. Em outro roteiro, com uma estrela inicial ainda maior, pode ser tão

Dos 33 radionuclídeos primordiais encontrados na Terra, só quatro têm meia--vida menor ou igual à idade do universo. O resto tem meia-vida longuíssima.

CAPÍTULO 6

comprimida que vira um buraco negro. O interessante é que as "estrelas escuras" e os buracos negros foram teorizados muito antes de sabermos alguma coisa sobre os mecanismos da supernova.

Em 1784, o clérigo inglês John Michell foi o primeiro a sugerir a possibilidade de um fenômeno hoje conhecido como buraco negro. Ele era um cientista brilhante e fez previsões espantosas em vários campos. Estava tão à frente que as suas ideias não foram levadas a sério na época. Avançou na sismologia e no magnetismo e foi a primeira pessoa a aplicar a análise estatística à astronomia para descobrir que a ocorrência de sistemas bi e multiestelares era muito maior do que se fosse aleatória e explicar a sua existência como resultado da atração gravitacional mútua.

O trabalho de Michell sobre buracos negros se baseou, a princípio, na teoria de Newton de que a luz é feita de partículas minúsculas em vez de ondas de energia. (Hoje pensamos na luz como quanta — pacotinhos minúsculos de energia — com propriedades tanto de onda quanto de partículas.) Michell sugeriu que a luz também poderia estar sujeita à atração da gravidade e que a gravidade desaceleraria o movimento da luz de uma estrela que tivesse muita massa. Ele extrapolou e imaginou que, se uma estrela tivesse massa tão grande que a velocidade de escape das partículas de luz fosse maior do que a velocidade da própria luz, esta nunca sairia e a estrela seria invisível — uma "estrela escura". Ele calculou que uma estrela com a densidade do Sol precisaria ter quinhentas vezes a sua massa para prender a luz. Em seguida, Michell disse que, embora fôssemos incapazes de detectar a estrela escura diretamente, poderíamos inferir a sua presença pelo movimento dos objetos próximos afetados pela sua gravidade — principalmente pelo movimento de uma estrela companheira (ver a citação abaixo). Hoje, os buracos negros são detectados exatamente

> "Se realmente existirem na natureza quaisquer corpos cuja densidade não seja menor do que a do Sol e cujo diâmetro seja mais de quinhentas vezes o diâmetro do Sol [...] ou se existirem quaisquer outros corpos de tamanho um pouco menor que não sejam naturalmente luminosos [...] se quaisquer outros corpos luminosos girarem em torno deles, talvez ainda possamos, pelos movimentos desses corpos giratórios, inferir a existência dos corpos centrais com algum grau de probabilidade."
>
> John Michell, 1783

dessa maneira, e todos os buracos negros estelares identificados experimentalmente na Via Láctea fazem parte de um sistema binário com uma estrela normal.

Onde Michell se enganou foi no plano de medir a massa das estrelas calculando a velocidade da luz que saía delas. Mas até aí ele se aproximou de um método moderno. Michell supunha que a atração da gravidade desaceleraria a luz que saía das estrelas e acreditava que, se conseguisse medir a velocidade da luz, poderia calcular a massa da estrela. Estava errado porque a velocidade da luz é invariável.

A "FÊNIX DA NATUREZA"

Representação artística da área em torno de um buraco negro supermassivo no coração da galáxia NGC 3783. Há um anel de poeira quente e brilhante em torno do buraco negro.

Veloz como a luz, mas não mais veloz

Na década de 1660, Isaac Newton mediu a velocidade do som e chegou a um valor que ficava a 15% do valor real. No entanto, a maioria considerava impossível medir a velocidade da luz. Acreditava-se que provavelmente era infinita, com a luz chegando ao destino instantaneamente (como parece) ou, pelo menos, tão depressa que jamais poderia ser medida.

Pouco tempo depois, em 1675, o físico dinamarquês Ole Rømer conseguiu medir a velocidade da luz, mas por acidente. Ele media e registrava o eclipse de Io, uma

143

CAPÍTULO 6

lua de Júpiter, na esperança de derivar um método para calcular a longitude (sugerido por Galileu). Depois de passar anos fazendo observações, Rømer percebeu que, quando a Terra estava mais longe de Júpiter na sua órbita em torno do Sol, o eclipse ocorria cerca de onze minutos mais tarde do que a média; cerca de seis meses depois, quando a Terra estava mais perto de Júpiter, o eclipse acontecia uns onze minutos mais cedo. Ele percebeu que a diferença poderia ser explicada se, afinal de contas, a velocidade da luz fosse finita. A luz levava 22 minutos para atravessar o diâmetro da órbita da Terra em torno do Sol. Para calcular a velocidade da luz, ele só precisava dividir o diâmetro da órbita por 22 minutos.

O cientista holandês Christiaan Huygens fez o primeiro cálculo e encontrou uma velocidade de 211.000 km por segundo. É um valor menor do que o atual de 299.000 km por segundo, porque Rømer estimara erradamente a diferença de tempo entre os eclipses e tinha um valor inexato da órbita da Terra, mas era suficientemente próximo para ser útil. O mais importante foi resolver a questão da finitude da velocidade da luz.

Em 1728, James Bradley fez uma medição melhor partindo do deslocamento aparente das estrelas causado pelo movimento da Terra em torno do Sol. O seu número de 301.000 km por segundo é extraordinariamente próximo do valor atualmente aceito de 299.792,458 km por segundo. Agora esse valor nunca mudará, pois o metro padrão é definido pela velocidade da luz: um metro é a distância que a luz percorre

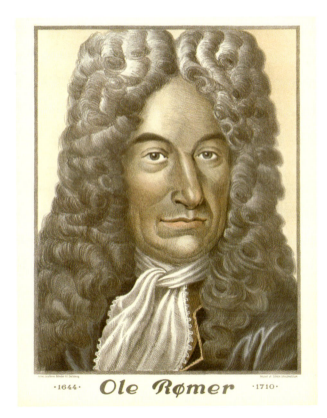

Ole Rømer trabalhava no Observatório de Paris quando mediu a velocidade da luz em 1676. Ele não conseguiu convencer o diretor do observatório de que a luz viaja a uma velocidade finita.

A "FÊNIX DA NATUREZA"

no vácuo em 1/299.792.458 de segundo. Em 1905, Einstein propôs que a velocidade da luz seria sempre a mesma, não importando onde estivesse o observador nem se o objeto observado se movia. Ele disse que nada poderia ser mais rápido do que a velocidade da luz.

No entanto, a luz nem sempre avança na velocidade da luz. Ela vai mais devagar no ar ou na água do que no vácuo. Em 2015, a pesquisa também constatou, surpreendentemente, que a estrutura da luz pode afetar a sua velocidade e desacelerá-la. Portanto, a velocidade da luz deve ser considerada um limite superior e não uma constante absoluta. Também se especula que a velocidade da luz talvez não tivesse o mesmo valor em todos os tempos do passado. Se assim for, o nosso cálculo do tamanho do universo provavelmente está errado.

Buracos negros outra vez

Michell não foi a única pessoa a propor a existência de estrelas das quais a luz não podia escapar. O cientista francês Pierre-Simon Laplace mencionou a possibilidade em 1796, embora sem apresentar inicialmente nenhuma matemática que sustentasse a ideia: "A atração da gravidade de uma estrela com diâmetro 250 vezes maior do que o do Sol e comparável em densidade à Terra seria tão grande que nenhuma luz conseguiria escapar da sua superfície. Portanto, os maiores corpos do universo podem ser invisíveis em razão da sua magnitude."

Da teoria ao fato

Parece que Laplace trabalhou de forma independente, sem conhecimento da obra de Michell. Havia pouca comunicação científica na época entre os estados quase em guerra da Grã-Bretanha e da França, e não era fácil trabalhar na França revolucionária. A proposta de Michell foi quase uma digressão do seu trabalho com sistemas de estrelas duplas ou triplas. Estranhamente,

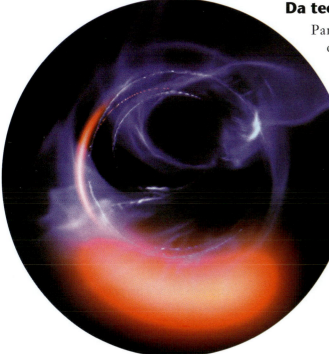

Visualização do material que gira em torno de um buraco negro supermassivo perto do centro da Via Láctea. Acredita-se que o gás se mova a 30% da velocidade da luz.

CAPÍTULO 6

tanto ele quanto Laplace sabiam que uma estrela não luminosa poderia ser muito maior do que o Sol (e, portanto, ter gravidade imensa) ou muito menor do que ele, mas muito mais densa; só que nenhum dos dois seguiu a segunda opção. No entanto, é esse o caso dos buracos negros conhecidos hoje: são fisicamente pequenos, mas incrivelmente densos. Um buraco negro com o diâmetro da cidade de Nova York teria cerca de dez vezes a massa do Sol.

De luz e trevas

No século XIX, a noção de Newton da luz como "corpuscular" foi substituída pela ideia de que a luz é uma onda de energia.

Parecia que uma onda de energia tinha menos probabilidade de ser afetada pela gravidade, e a possibilidade de achar buracos negros recuou. Mas em 1899 Max Planck explicou que a energia se divide em pacotinhos minúsculos chamados quanta. A quantidade de energia produzida por qualquer fonte eletromagnética é um valor restrito, dado pela equação:

energia = frequência × constante de Planck (ou $E = hv$)

A teoria da relatividade especial de Einstein deu bom uso a esse cálculo em 1905. Ela logo se tornou a base da mecânica quântica e revolucionou a física e a cosmologia. Tratada como quanta, a luz pode ser desviada pela gravidade. Isso foi demonstrado de forma decisiva por Eddington usando o eclipse de 1919 (ver a página 70).

Um dos resultados da equação da relatividade geral de Einstein foi confirmar a ideia de Michell de que um corpo suficientemente denso poderia impedir que até a luz escapasse. Meses depois que Einstein publicou a sua teoria em 1915, o físico e astrônomo alemão Karl Schwarzschild propôs que o buraco negro era definido por um tipo de fronteira chamada horizonte de eventos. Nada do que está no lado da fronteira correspondente ao buraco negro pode escapar, seja matéria, seja energia. É um ponto sem retorno gravitacional, e o

O físico alemão Karl Schwarzschild realizou a sua maior obra quando servia na frente russa durante a Primeira Guerra Mundial.

"Essa velocidade é tão próxima à da luz que parece que temos fortes razões para concluir que a própria luz (inclusive o calor radiante e outras radiações, se houver) é um distúrbio eletromagnético sob a forma de ondas."

James Clerk Maxwell, 1885

A "FÊNIX DA NATUREZA"

que atravessar o horizonte de eventos se torna irremediavelmente parte do buraco negro. A distância entre o horizonte de eventos e o centro do buraco negro se chama raio de Schwarzschild. Na verdade, tudo que tenha massa tem um raio de Schwarzschild; o da Terra é de cerca de 9 mm. O ponto central do buraco negro é uma singularidade: um ponto onde a curvatura do espaço-tempo é infinita. O volume do ponto (num buraco negro não rotativo) ou da mancha em forma de disco (num buraco negro rotativo) é zero, mas, como contém toda a massa do buraco negro, a sua densidade é infinita.

Limite de tamanho

Em 1931, o astrofísico indiano Subrahmanyan Chandrasekhar calculou que uma anã branca não rotativa acima de determinada massa, hoje chamada de limite de Chandrasekhar, é instável e colapsa sobre si mesma. Essa massa é cerca de 1,4 vezes a

ESTAR EM LUGAR NENHUM

Em 1926, Arthur Eddington comentou a densidade das estrelas grandes e a possibilidade de a sua massa estar amontoada dentro do raio de Schwarzschild. Ele disse que a equação de Einstein impossibilitava estrelas grandes e extremamente densas e ressaltou que uma estrela grande como Betelgeuse não seria visível se fosse densa como o Sol, pois "a força da gravidade seria tão grande que a luz não escaparia e os seus raios cairiam de volta na estrela como uma pedra na terra. Em segundo lugar, o desvio para o vermelho das raias espectrais seria tão grande que o espectro deixaria de existir. Em terceiro, a massa produziria tanta curvatura da métrica do espaço-tempo que o espaço se fecharia em torno da estrela, nos deixando de fora (isto é, em lugar nenhum)." A última afirmativa, desapontadoramente, não é verdadeira.

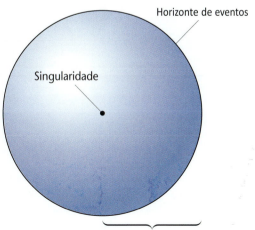

O raio de Schwarzschild de um buraco negro se estende do centro (a singularidade) ao horizonte de eventos.

Raio de Schwarzschild
$$R = \frac{2GM}{c^2}$$

massa do Sol. Na verdade, uma anã branca acima do limite de Chandrasekhar colapsa numa estrela de nêutrons, que então é estável. Outro limite, previsto por Robert Oppenheimer e outros em 1939, afirma que, quando excedem o limite TOV (Tolman-Oppenheimer-Volkoff), as estrelas de nêutrons colapsam e viram buracos negros. Os cálculos da massa limitante variaram do primeiro valor de 0,7 vezes a massa do Sol até o triplo da sua massa, mas a observação da colisão de duas estrelas de nêutrons em 2017 indicou um valor de 2,17 vezes a massa do Sol.

A teoria se solidifica

Einstein achou que os buracos negros não poderiam existir, e muitos cientistas

ESTRELAS CONGELADAS

Oppenheimer e os seus colegas postularam que o tempo para no horizonte de eventos de um buraco negro. A menos que o observador estivesse caindo no buraco negro (e nesse caso a ciência seria a menor das suas preocupações), o tempo pareceria parar no horizonte de eventos. Como nenhuma luz pode escapar dele, a superfície da estrela colapsada sempre ficaria como estava no momento em que atravessou o raio de Schwarzschild. Por essa razão, os buracos negros foram chamados de "estrelas congeladas".

O Buraco Negro de Calcutá era uma pequena prisão em Fort William, Calcutá, na Índia, onde um grande número de presos britânicos e indianos foram amontoados, com pouco ar e muito calor, durante três dias em 1756. A maioria dos prisioneiros morreu de sufocação, desidratação ou pisoteamento (o registro dos números varia).

A "FÊNIX DA NATUREZA"

seguiram o seu exemplo. Só na década de 1960 houve crentes suficientes com provas matemáticas em quantidade necessária para convencer os físicos mais céticos da realidade dos buracos negros. Especificamente, os físicos ingleses Stephen Hawking e Roger Penrose mostraram que, em determinadas circunstâncias, a existência de um buraco negro se torna inevitável.

O nome "buraco negro" começou a ser usado na década de 1960, embora a origem exata seja incerta. John Michell se referira a estrelas escuras, mas os cientistas do início do século XX preferiam o mais prosaico "objeto em colapso gravitacional". No início da década de 1960, ao que parece, o físico Robert Dicke comparou os objetos ao "buraco negro de Calcutá", prisão de onde se dizia que ninguém jamais escapou. A expressão foi usada na imprensa em 1963.

O primeiro buraco negro a ser detectado foi Cygnus X-1, a cerca de 6.000 anos-luz. A princípio, ele foi percebido em 1964 como fonte de radiação captada por foguetes que carregavam contadores Geiger para medir radiatividade. Em 1971, novas investigações com equipamento mais sensível descobriram fortes emissões de rádio vindas da direção de HDE 226868, uma supergigante azul. Mas essa estrela não poderia produzir os sinais captados, e os astrônomos concluíram que ela teria uma parceira escura. A situação poderia ser explicada por um buraco negro que orbitasse a estrela a uma distância de 0,2 UA (um quinto da distância da Terra ao Sol). Cerca de quinze vezes maior do que a do Sol, a massa do objeto é grande demais até para a maior estrela de nêutrons, e os astrônomos decidiram que, provavelmente, é um buraco negro que se "alimenta" do material que atrai da estrela gigante. Em 1974, Stephen Hawking fez uma aposta famosa com o colega astrônomo Kip Thorne de que não seria um buraco negro — aposta que perdeu em 1990, quando dados mais detalhados tornaram improváveis as outras explicações.

Nessa representação artística, o buraco negro Cygnus X-1 (à direita) atrai material de HDE 226868, a sua vizinha gigante. O material se acumula num disco giratório, o disco de acreção, que se acelera rumo ao horizonte de eventos do buraco negro.

CAPÍTULO 6

ESPAGUETIFICAÇÃO

Tem se pensado muito no que aconteceria se alguém fosse puxado por um buraco negro. Em 1988, Stephen Hawking cunhou o termo "espaguetificação" para designar o processo pelo qual o corpo da vítima se esticaria num filamento longo e fino conforme a gravidade atuasse na extremidade que se aproximasse primeiro do buraco negro. É bastante óbvio que ser espaguetificado não faz bem à saúde. Mas é provável que, em vez disso, a pessoa se queimasse no horizonte de eventos, resultado sugerido em 2012. É um pouco mais mundano, mas nos dois jeitos a lição que fica é: "não brinque muito perto de um buraco negro".

Sem fugas, mas...

No modelo convencional do buraco negro segundo a teoria da relatividade de Einstein, é impossível que algo escape dele, e isso o torna invisível. Mas é comum parecer que dele saem dois jatos perpendiculares ao disco de acreção de matéria atraída que circunda o buraco negro e gira cada vez mais depressa. Conforme é atraída para o buraco negro, a matéria perde energia gravitacional potencial, liberada como partículas que se afastam. Isso não é escapar de dentro do horizonte de eventos do buraco negro, mas ser ejetado no horizonte de eventos. É uma fuga por pouco, bem na hora certa.

O cosmólogo inglês Stephen Hawking.

Buracos grandes e pequenos

Os buracos negros criados depois que grandes estrelas viram supernovas se chamam buracos negros estelares. Também há buracos negros supermassivos que, como indica o nome, são muito maiores. Encontram-se bem no coração das galáxias, talvez de todas elas. Ninguém sabe com certeza como se formam; é possível que sejam feitos por colisão e combinação de buracos negros menores ou formados diretamente no núcleo superdenso da nuvem galáctica. O maior

A "FÊNIX DA NATUREZA"

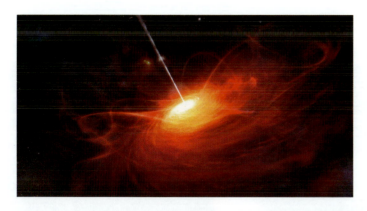

Representação artística do mais distante quasar conhecido, o ULAIS J+0641. É alimentado por um buraco negro (não visível) com dois bilhões de massas solares. É assim que ele devia ser 770 milhões de anos depois do Big Bang

buraco negro encontrado até agora tem 66 bilhões de vezes a massa do Sol e fica no coração do quasar TON 618. (O quasar é o disco de acreção energeticamente ativo que emite luz.) O buraco negro tem um raio de Schwarzschild de 1.300 UA, e o quasar é um dos objetos mais brilhantes do universo conhecido. Os quasares podem até se aglomerar, formando Grandes Aglomerados de Quasares (*Large Quasar Groups*, LQG), que estão entre as maiores estruturas do universo. Com o seu nome imaginoso, o Huge LQG — Enorme Grande Aglomerado de Quasares —, descoberto em 2013, tem quatro bilhões de anos-luz de diâmetro no ponto mais largo.

O maior buraco negro estelar é M33 X-7, a cerca de três milhões de anos-luz da Via Láctea, na galáxia M33. A sua massa é quase 16 vezes maior do que o Sol, e a estrela sua companheira tem 70 vezes a massa do Sol, o que faz do par o maior sistema binário conhecido com buraco negro. O menor buraco negro estelar, descoberto em 1992, é GRO J0422+32. A princípio, a sua massa foi calculada em 3,7 a 5 vezes a massa do Sol, mas um cálculo de 2012 a estimou em apenas 2,1 vezes a massa do Sol. É menor do que o limite superior de uma estrela de nêutrons (2,7 vezes a massa do Sol) e nos leva a perguntar se é mesmo um buraco negro ou outra coisa. Há poucos indícios de buracos negros entre os exemplos imensos no coração das galáxias e os estelares produzidos por supernovas.

Avançando

Depois da primeira rodada de criação de estrelas que, então, se destruíram rapidamente, o universo adotou um padrão no qual nuvens de matéria se condensavam em novas estrelas de tamanho variável que fundiam hidrogênio até exaurir o estoque. As estrelas exauridas tinham fim mais ou menos dramático e liberavam os produtos da fusão nuclear para serem incorporados à geração seguinte de estrelas.

As estrelas menores ainda não exauriram o seu estoque e continuarão por muito tempo na sequência principal. Esse padrão parece estável; mas há uma diferença entre a formação de estrelas a partir de material rico em metais e a partir da mistura primordial de hidrogênio e hélio Quando disponíveis, os outros elementos podem ser incorporados a um novo tipo de corpo: os planetas. Tanto as estrelas da População II quanto as da População I têm recursos para construir planetas.

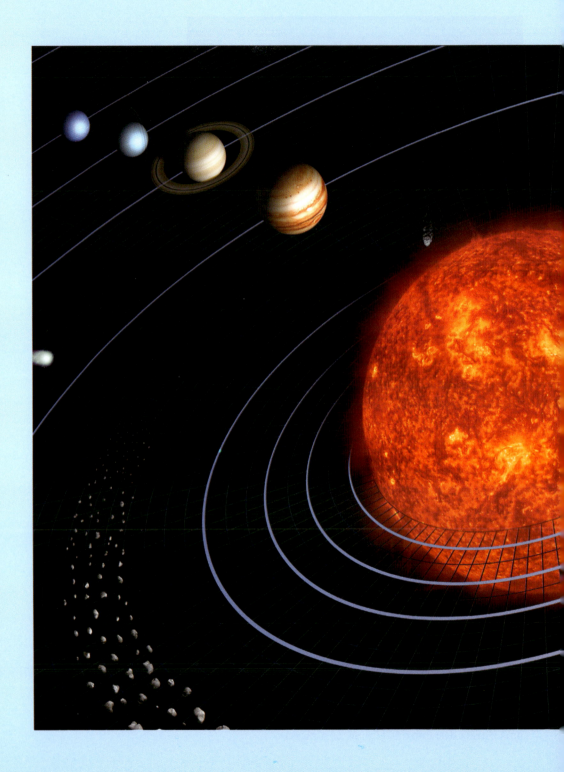

CAPÍTULO 7

FAZER MUNDOS

"Que maravilhoso e extraordinário Arranjo temos aqui da magnífica Vastidão do Universo! Tantos Sóis, tantas Terras, e cada um deles cheio de tantas Ervas, Árvores e Animais e adornado com tantos Mares e Montanhas!"
Christiaan Huygens, 1698
(publicado postumamente)

Quando as estrelas começam a existir, ainda há muito material regirando em torno delas. Desses detritos, podem se formar os planetas. Só conhecemos com algum detalhamento o nosso próprio sistema planetário, mas podemos extrapolar com base nele e pensar nos muitos mundos que estão além do nosso sistema solar. Podemos ver como se formam observando sistemas distantes e percorrendo o nosso atrás de indícios.

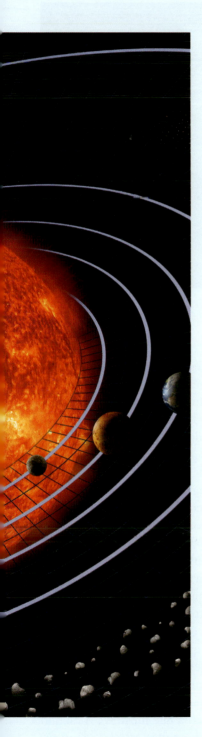

Os planetas interiores do sistema solar e as suas órbitas.

CAPÍTULO 7

Representação artística de uma "super-Terra", exoplaneta que orbita a estrela HD 85512. O planeta está na borda da zona habitável da estrela.

Ardendo em fogo

Os primeiros planetas se formaram no primeiro bilhão de anos depois do Big Bang, reciclando imediatamente o material das primeiras estrelas falecidas. O planeta mais antigo conhecido, apelidado de Matusalém, tem cerca de 13 bilhões de anos; portanto, a construção de planetas começou cedo na história do universo.

Embora saibamos de exoplanetas que giram em torno de outras estrelas, só podemos vislumbrá-los de longe e não temos como rastrear a sua história. Para que as extrapolações baseadas no nosso próprio sistema solar sejam válidas, precisamos ter certeza de que o nosso é bastante típico entre os sistemas que podem se encontrar em outros lugares.

Antigamente, quando a visão religiosa predominava na modelagem do universo, a Terra e o Sol eram lugares privilegiados feitos por Deus para abrigar a humanidade, a sua maior criação. Alguns gregos antigos, inclusive os pitagóricos, acreditavam que as estrelas eram outros mundos, mas que o nosso era inigualável. No início do século XVII, a ideia de que o nosso mundo é um dentre muitos ganhava terreno.

A noção de que a Terra não goza de posição privilegiada no universo é o chamado princípio copernicano, embora tenha pouco a ver com Copérnico. O filósofo e clérigo italiano Giordano Bruno foi um dos primeiros a afirmar de forma categórica (e perigosa) que a nossa posição privilegiada é uma ilusão e que a Terra é apenas um dentre muitos outros mundos. Ele foi queimado por heresia em 1600, em parte por causa dessa opinião que era uma heresia citada e reconhecida desde, pelo menos, a época de Santo Agostinho (345-430 d.C.). Meros vinte anos depois, Johannes Kepler publicou um diagrama que mostrava o mundo preso a uma de muitas estrelas idênticas.

FAZER MUNDOS

Esse diagrama de Kepler, no seu Epitome astronomiæ Copernicanæ *(1618-21), mostra o mundo, representado por M de "mundus", como uma de várias estrelas semelhantes.*

> "Quem somos nós? Descobrimos que vivemos num planeta insignificante de uma estrela sem graça perdida numa galáxia enfiada num canto esquecido de um universo no qual há muito mais galáxias do que gente."
>
> Carl Sagan, 1980

O astrofísico britânico Michael Rowan-Robinson (n. 1942) sugeriu que a adoção do princípio copernicano é que marca o pensamento moderno, pois "nenhuma pessoa racional e bem-informada pode imaginar que a Terra ocupe uma posição de destaque no universo".

No início do século XX, o estudo do astrônomo holandês Jacobus Kapteyn sobre o movimento apropriado das estrelas revelou que elas tendem a se deslocar num de dois sentidos opostos. Foi a primeira prova de que a Via Láctea gira, embora ele não reconhecesse. As suas observações o levaram à conclusão de que a Via Láctea tem cerca de 40.000 anos-luz de diâmetro e que o sistema solar está perto do centro, deslocado por apenas 2.000 anos-luz. Em 1917, Harlow Shapley revelou que, na verdade, não estamos perto do centro da Via Láctea, mas num dos seus braços. Na década de 1920, descobriu-se que a Via Láctea tem 100.000 anos-luz de diâmetros e que estamos a 40.000 anos-luz do centro.

Reciclagem de lixo no espaço

Como vimos, as estrelas se formam quando nuvens de gás e poeira entram em colapso sob grande pressão; o centro acaba se tornando tão denso que a fusão nuclear começa. Há cerca de 12,5 a 13 bilhões de anos, o universo tinha condições de fazer algo além de bolas de gás.

155

CAPÍTULO 7

Até agora, nos concentramos no torrão denso de matéria que colapsa para produzir uma estrela. Mas nem toda matéria envolvida no colapso acaba no meio. A teoria atual de como a matéria restante chega a formar planetas, luas, asteroides e outros corpos se chama modelo do disco nebular solar, delineado em 1969 pelo astrofísico soviético Victor Safronov (ver a página 170) e desenvolvido nas décadas seguintes. Quando o centro colapsa, a nuvem se agita. Conforme vai sendo mais comprimida, a agitação se torna rotação, e a maior parte da nuvem gira no mesmo sentido. O processo continua, e, com o tempo, a nuvem rotativa se achata como um disco, mais ou menos como uma bola de massa de pizza, girada com constância, se achata numa base de pizza. O resultado é um disco protoplanetário que cerca a estrela central. Leva cerca de cem mil anos para o primeiro estágio do colapso produzir um disco e uma estrela T-Tauri visível. A estrela continua a atrair material, e o disco dura uns dez milhões de anos (o mais velho conhecido tem 25 milhões de anos). Dentro do disco, planetas e outros objetos se formam a partir da poeira e continuam a orbitar a estrela central. Finalmente, o vento solar da estrela sopra o material do disco que não foi usado, e o resultado é um arranjo organizado de planetas e outros objetos que orbitam a estrela num espaço praticamente vazio.

Até bem recentemente, os astrônomos só podiam ver um instantâneo do estado atual do nosso próprio sistema solar para buscar pistas de como se formam os plane-

O PÓ ASSENTA

As imagens do Hubble mostram que a estrela Beta Pictoris tem vários cinturões de planetesimais. No início da década de 1990, elas também revelaram discos escuros de pó girando em torno de estrelas jovens da nebulosa de Órion, região de formação de estrelas. As imagens do Hubble da estrela AB Aurigae mostram um sistema em desenvolvimento visto por cima do disco, e podemos vê-lo inteiro girando em torno da estrela. Esse é um estágio inicial do desenvolvimento do sistema, quando a estrela só tem 2 a 4 milhões de anos. Há manchas claras, que se acredita serem concentrações de matéria no processo de se tornarem planetas.

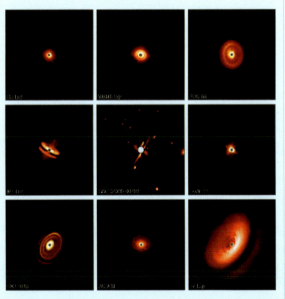

Imagens do Very Large Telescope do ESO, European Southern Observatory, que mostram vários formatos de estrelas jovens cercadas por discos de pó.

tas. O lançamento do Telescópio Espacial Hubble em 1990 possibilitou ver os discos protoplanetários de outras estrelas. Conseguimos até examinar material antigo da aurora do sistema solar mais recentemente, com a aproximação de um objeto do Cinturão de Kuiper em 2019.

De disco a torrões

A formação de planetas leva milhões de anos. Em consequência, nunca conseguiremos monitorar a formação de um sistema planetário a partir de gás e poeira. Em vez disso, temos de montar o processo olhando diversos estágios da formação de planetas obtidos onde pudermos encontrá-los.

Tipicamente, o disco protoplanetário tem um raio de cerca de 1.000 UA, mas verticalmente ele é muito fino. Em 1984, com um telescópio baseado em terra, avistou-se pela primeira vez um disco protoplanetário. Ele circunda a estrela Beta Pictoris, a 63,4 anos-luz de distância. Com apenas 20 a 26 milhões de anos, a estrela é jovem.

Dentro do disco protoplanetário, a matéria começa a se unir quando colide. Os torrões crescem quando o aumento de massa é acompanhado pelo aumento da gravidade, e assim atraem mais matéria. Os torrões grandes se chocam, às vezes se estilhaçando e espalhando pedaços, outras vezes colidindo com suavidade suficiente para se grudarem e formarem um torrão maior. No decorrer de milhões de anos, se formam centenas de amontoados de matéria girando em torno da estrela. São os planetesimais — planetas-bebês.

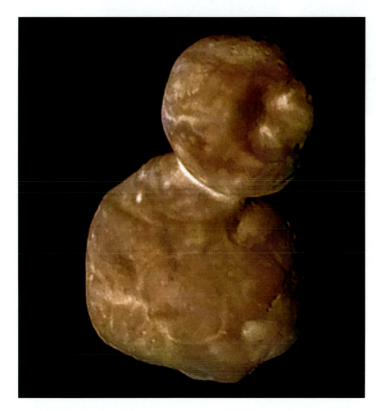

Fotografado aqui pela missão New Horizons em 2019, Ultima Thule é um par de objetos em contato no Cinturão de Kuiper. O objeto maior tem apenas 19 km de diâmetro, e o menor, 14 km. Eles formam um planetesimal paralisado no tempo desde os primeiros anos do sistema solar.

CAPÍTULO 7

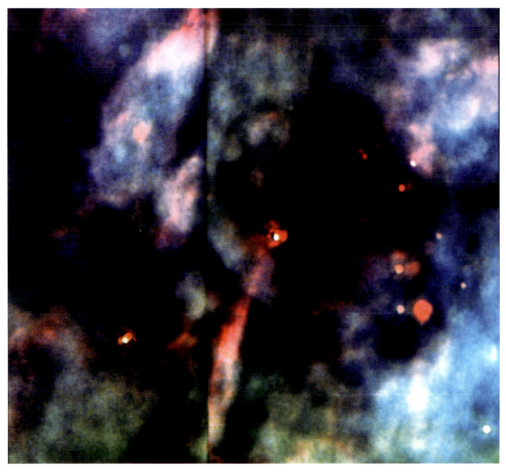

Um jato de matéria é ejetado de uma estrela jovem na nebulosa de Órion.

Os planetesimais crescem com a acreção de material encontrado pelo caminho e varrem tudo o que estiver na sua órbita. Alguns coalescem com outros planetesimais ou são esmagados em colisões, até que, finalmente, haja um número estável de planetas, que limparam o resto de material da sua órbita. A estrela HD141569, de cinco milhões de anos, tem uma lacuna no seu disco de poeira que indica que um planeta em formação já abriu sua própria trajetória orbital. Isso foi descoberto em 1999 nas imagens do Hubble.

Nem todo o material do disco protoplanetário termina incorporado a planetas. Há muitos outros corpos no nosso sistema solar, como luas, asteroides, planetas-anões e cometas, e não há razão para supor que isso não aconteça em outros sistemas solares.

Sabe-se que Beta Pictoris tem cometas e, pelo menos, um planeta, chamado (sem muita imaginação) de Beta Pictoris b. As imagens da estrela obtidas pelo Hubble mostram um segundo disco sobreposto ao primeiro, afastado uns 4° do plano do disco

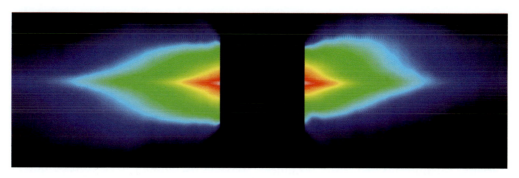

Imagem em falsa cor do disco de poeira em torno da estrela Beta Pictoris.

principal. Parece que a força gravitacional do planeta atraiu gás e poeira do disco principal para a sua órbita e formou o segundo disco. A matéria pode se unir ao planeta ou, talvez, formar uma lua em torno dele.

Girinos

Quando tem espaço suficiente para espalhar o seu disco protoplanetário sem interferência, a estrela pode criar planetas. Mas algumas estrelas se formam perto demais de outras ou junto de concentrações de gás que se movem na mesma direção. O Hubble fotografou estrelas com discos protoplanetários distorcidos por estrelas próximas. Alguns parecem girinos, com uma extremidade gorda perto da estrela e outra mais fina que se arrasta como um cometa. A radiação intensa e as torrentes de partículas carregadas de outra estrela próxima empurram o disco para longe da sua própria estrela. Para uma estrela com um disco tão distorcido é difícil formar planetas. Mesmo assim, o Hubble detectou a formação de torrões do tamanho de cascalho num "girino" de apenas um milhão de anos. Talvez se formem planetas se isso acontecer depressa, antes que o material do disco seja soprado para o espaço pela vizinha agressiva.

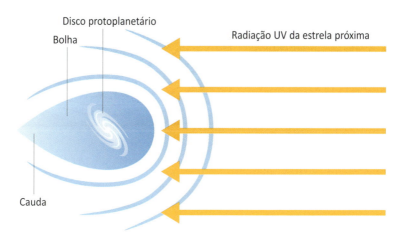

A radiação intensa e o vento estelar de uma estrela próxima deformam o disco protoplanetário de uma estrela nova.

CAPÍTULO 7

Planetas de pertinho

Como já vimos, a teoria atual de que o sistema solar se formou a partir do material de um disco protoplanetário não é a única hipótese existente.

O Sol no centro

Até o fim do século XVI, em todo o Oriente Médio e no Ocidente, o modelo predominante do sistema solar era o sugerido pelos antigos gregos, mais tarde refinado e popularizado por Ptolomeu no século II d.C. Era um sistema geocêntrico que punha a Terra estacionada no centro do universo, com a Lua, o Sol, os outros planetas e as "estrelas fixas" se movendo em torno dela. Cada corpo celeste estava fixado numa esfera cristalina que girava, levando o planeta, a Lua ou o Sol como passageiros, embora se acreditasse que as estrelas fixas estivessem numa esfera externa que girava inteira.

IDEIA ÍMPIA

Embora o modelo geocêntrico tenha dominado durante quase dois mil anos, um antigo filósofo grego chamado Aristarco (c. 310-c. 230 a.C.) propôs que a Terra gira em torno do próprio eixo e está em movimento em torno do Sol. Foi considerada uma ideia ímpia. Aristóteles observou que, se Aristarco estivesse correto, o universo teria de ser muito grande, pois não há paralaxe perceptível na posição das estrelas fixas. Para Aristóteles, essa era razão suficiente para rejeitar a ideia de Aristarco. Para todo mundo, a desaprovação de Aristóteles foi razão suficiente para rejeitar o modelo heliocêntrico (centrado no Sol).

Para a Igreja cristã, a sugestão de que a Terra estava no centro do sistema solar (e, na verdade, do universo) se encaixava na crença de que Deus a criara como lar para os seres humanos. Também era coerente com o que vemos quando olhamos para cima: os objetos parecem se mover em relação à Terra e ser muito menores do que ela, e assim até no nível mais simples o modelo é bastante persuasivo. No entanto, para a Igreja ele se tornou um artigo de fé e acabou sendo considerado heresia dizer outra coisa.

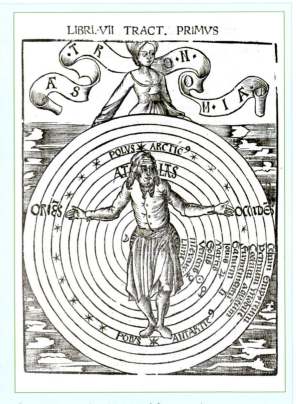

O universo geocêntrico, com Atlas no meio.

FAZER MUNDOS

O modelo geocêntrico não levava em conta de que modo os corpos celestes começaram a existir, além de supor que foram postos ali por uma divindade. O primeiro questionamento sério do modelo geocêntrico veio do astrônomo polonês Nicolau Copérnico, em 1542. Ele sugeriu que o Sol ficava no centro do sistema solar, com a Terra e os outros planetas em órbita em torno dele. Como no modelo geocêntrico, na versão de Copérnico a Lua ainda orbita a Terra.

Um problema do modelo geocêntrico era que, se observarmos com rigor os planetas e registrarmos o seu movimento, eles parecem andar periodicamente para trás e depois voltar a andar para a frente. É o chamado movimento retrógrado. Astrônomos e matemáticos construíram os chamados epiciclos, círculos dentro da órbita, para que os seus modelos combinassem com as observações. Copérnico reconheceu que o aparente movimento retrógrado resulta do movimento da própria Terra em torno do Sol. Se fôssemos capazes de observar o movimento dos planetas na superfície do Sol, eles simplesmente orbitariam do jeito normal.

Copérnico começou distribuindo as suas ideias de forma manuscrita em 1514, mas só as publicou dois meses antes de morrer, em 1543. Diplomaticamente, dedicou o livro *De revolutionibus orbium cœlestium* (Das revoluções das esferas celestes) ao Papa Paulo III. Sem a permissão de Copérnico e talvez até sem o seu conhecimento, acrescentou-se um prefácio que sugeria que o modelo apresentado era um modo conveniente de pensar os movimentos planetários para facilitar os cálculos astronômicos, em vez de ser uma descrição literal do estado do céu. Isso protegeu o livro da condenação imediata, embora acabasse proibido em 1616.

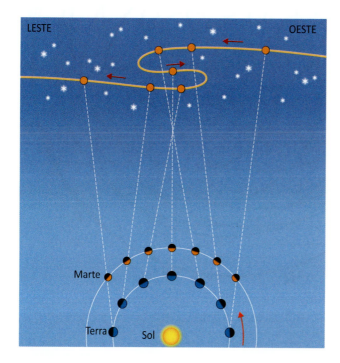

O aparente movimento retrógrado dos planetas resulta da velocidade orbital diferente deles e da Terra.

De círculo a elipse

O modelo de Copérnico ainda não permitia um mapeamento perfeitamente exato do movimento dos planetas. Ele continuava a afirmar que os corpos celestes se moviam em círculos perfeitos (algo em que se insistia desde Aristóteles, que via o círculo como a forma mais perfeita). Em 1609, todas as peças se encaixaram.

Johannes Kepler publicou as leis que deduziu a partir do exame do movimento planetário. Elas se baseavam principalmente nas observações de Tycho Brahe, que fizera o registro mais exato e detalhado do movimento de Marte que já fora tentado. Os seus dados levaram Kepler a perceber que os planetas seguem órbitas elípticas e não circulares em torno do Sol.

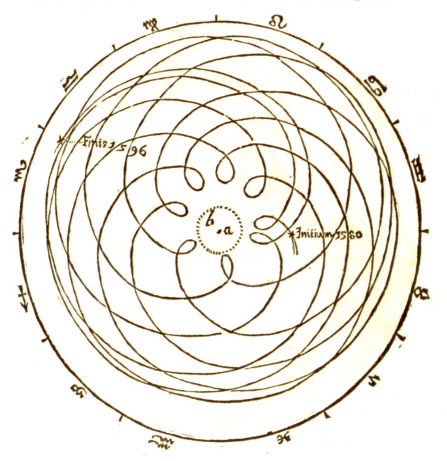

O movimento de Marte mapeado por Tycho Brahe de 1580 a 1596, publicado por Johannes Kepler em Astronomia nova, *em 1609.*

FAZER MUNDOS

JOHANNES KEPLER (1571-1630)

Nascido em relativa pobreza na Suábia, hoje região do sudoeste da Alemanha, Johannes Kepler foi uma criança adoentada, mas sobreviveu e frequentou a universidade de Tübingen, onde foi estudar para se tornar ministro luterano. Mas esse não seria o seu destino. Ele estudou com o grande astrônomo e matemático Michael Mästlin (1550-1631), que oficialmente lhe ensinou o modelo ptolomaico do universo, mas também lhe apresentou a teoria radical de Copérnico de que a Terra se move em torno do Sol.

A partir de 1594, Kepler foi empregado como matemático e elaborador de calendários (uma aplicação importante da astronomia na época). Em 1596, deu o passo arriscado de escrever a sua primeira defesa do universo copérnicano. Nem a igreja luterana nem a católica aprovavam o modelo, embora ainda não fosse considerado heresia. Mesmo assim, Kepler e a esposa inventaram um código que usavam para se comunicar, de modo que as suas ideias perigosas não se tornassem públicas facilmente.

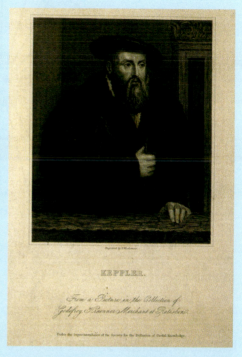

Mästlin achou que, se pudesse se basear em dados melhores, Kepler conseguiria melhorar o modelo cosmológico bastante esotérico que propusera em *Mysterium cosmographicum* (Mistério do cosmo). Assim, enviou o trabalho de Kepler a Tycho Brahe, o mais avançado astrônomo da época. Em 1600, Kepler foi trabalhar com Brahe em Praga. Recebeu a tarefa de desvendar o movimento complexo de Marte, que Kepler, muito otimista, esperava terminar em oito dias.

No ano seguinte, quando Brahe morreu, Kepler herdou os seus dados e o emprego de Matemático Imperial. (Esse evento foi tão oportuno para Kepler que, mais tarde, desconfiaram que ele envenenara Brahe, cujo corpo foi exumado em 1901 e outra vez em 2010. Na primeira vez, vestígios de mercúrio pareceram indicar a culpa de Kepler, mas o exame posterior constatou que o nível era baixo demais para comprovar o envenenamento.) Depois de oito anos de pesquisa, Kepler percebeu que, se os planetas tivessem órbitas elípticas e o movimento da própria Terra fosse levado em conta, a trajetória aparentemente retrógrada de Marte seria explicada. Ele publicou os seus achados radicais em 1609.

Kepler publicou a descrição completa da mecânica do sistema solar em 1621 na obra *Epitome Astronomiæ Copernicanæ*. Ele conseguiu completar as *Tabelas Rudolfinas*, que por muito tempo Brahe quis produzir. Elas eram um modo de calcular a posição dos planetas em qualquer momento futuro. Kepler morreu em 1630 durante uma viagem.

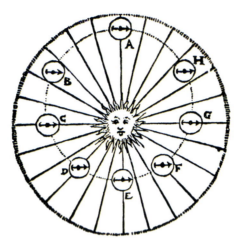

Kepler imaginou uma forma de atração magnética entre o Sol e os planetas que regulava as suas órbitas.

Astronomia nova, o livro de Kepler, estabeleceu as suas duas primeiras leis do movimento planetário:

1. Todos os planetas orbitam o Sol em órbitas elípticas, com o Sol num dos focos da elipse.

2. Num período fixo, uma linha imaginária unindo o planeta ao Sol percorrerá a mesma área. Em consequência, o planeta anda mais depressa quando está mais perto do Sol.

O modelo de Kepler permitiu previsões mais exatas do movimento planetário. Era diferente do modelo copernicano em três aspectos importantes: a órbita é elíptica, não circular; o Sol não está no centro da órbita; e a velocidade do planeta não é constante.

Ver outros mundos

Em 1608, na Holanda, pouco antes da publicação do livro de Kepler, foi inventado o telescópio, que mudou a astronomia para sempre. Não se sabe a identidade do inventor, mas geralmente quem recebe o crédito é o fabricante holandês de lentes Hans Lippershey, que pediu a patente do seu arranjo de duas lentes para ampliar três vezes objetos distantes. Tenha sido ou não Lippershey quem realmente inventou o telescópio, o gênio científico Galileu Galilei ouviu falar dele em 1609 e fez a sua versão melhorada em questão de dias.

O mais importante foi que Galileu teve a ideia de voltar o seu telescópio mais poderoso para o céu. É impossível superestimar e até imaginar o impacto dessa invenção. Com ela, Galileu pôde examinar a Lua e ver que tinha uma paisagem própria. Ele olhou os planetas e viu que eram outros mundos, não só pontos de luz como as estrelas. Viu até luas em torno de Júpiter.

Quanto mais via e pensava, mais Galileu se convencia de que o modelo copernicano/kepleriano do céu estava correto. Ele reconheceu que os planetas são outros mundos, como o nosso, talvez, e se movem em torno do Sol como a Terra. A Igreja tolerara o

FAZER MUNDOS

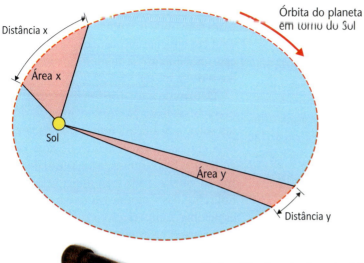

A segunda lei de Kepler descreve a velocidade do planeta que se desloca em órbita elíptica em torno do Sol. O diagrama mostra que uma linha entre o Sol e o planeta percorre áreas iguais em tempos iguais. A velocidade do planeta aumenta quando se aproxima do Sol e diminui quando se afasta.

Abaixo: *Um dos primeiros telescópios de Galileu.*

modelo coperniciano desde que não fosse promovido como verdadeiro, mas perdeu a paciência quando Galileu escreveu uma carta afirmando que a Terra definitivamente orbita o Sol e, de modo ainda mais controvertido, que a Bíblia não devia ser interpretada literalmente. Essa carta escrita em 1613 foi encaminhada à Inquisição em 1615 e, em 1616, a Igreja proibiu o ensinamento do modelo coperniciano, removeu o livro de Copérnico e instruiu Galileu a parar de promover a sua crença.

No entanto, em 1632 Galileu publicou o *Diálogo sobre os dois principais sistemas do mundo, ptolomaico e copernicano*, que promovia o modelo de Copérnico. Embora afirmasse que o modelo era apenas hipotético, foi condenado por heresia em 1633. Para evitar a execução, ele renegou seus achados "abjurados, amaldiçoados e detestados" e passou os últimos nove anos de vida em prisão domiciliar.

O livro foi finalmente removido do índice de livros proibidos em 1757, mas só em 1992 a Igreja admitiu publicamente que Galileu foi injustamente condenado.

"Galileu, que praticamente inventou o método experimental, entendia por que só o Sol poderia servir de centro do mundo, como então se dizia, isto é, como sistema planetário. O erro dos teólogos da época, quando defendiam a centralidade da Terra, foi pensar que nosso entendimento da estrutura do mundo físico seria, de certo modo, imposto pelo sentido literal das Sagradas Escrituras."

Papa João Paulo II, 1992

Pensar nas origens

Em 1632, o filósofo francês René Descartes imaginou uma hipótese da formação do sistema solar. A ideia de que fora criado por algum meio físico que pudesse ser investigado cientificamente seria considerada herética e, prudente, Descartes a guardou para si. Embora escrito em 1632 ou 1633, o seu livro só foi publicado em 1664, quatorze anos após a sua morte.

Matéria giratória

Descartes propôs que o universo (não só o sistema solar) é cheio de vórtices giratórios de partículas. Como não acreditava na existência do vácuo, ele raciocinou que os vórtices pressionavam-se uns contra os outros e eram cheios de matéria. É claro que, para a matéria estar em movimento sem espaço vazio para onde ir, o único movimento possível era circular. No sistema de Descartes, esse movimento se iniciou quando Deus fez tudo se mexer.

Dentro de cada vórtice, a matéria formava faixas fixas. No nosso vórtice, o sistema solar, o Sol ficava no centro. Cada planeta era estacionário dentro de uma faixa, embora as faixas girassem em torno do centro do vórtice, cada uma numa velocidade diferente. Isso significava que a Terra era estacionária em relação à sua faixa, com a faixa levando-a consigo (como uma pessoa fica parada num trem em movimento). Esse modelo permitiu que Descartes afirmasse que seguia o ditame da Igreja de que a Terra não se move, mas também usasse o modelo copernicano da Terra girando em

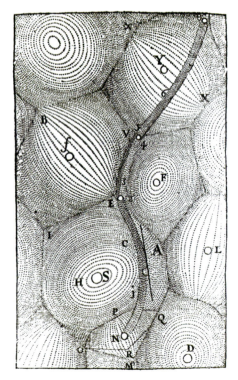

> "A Terra propriamente dita não se move, assim como nenhum dos planetas, embora sejam arrastados pelo céu."
>
> René Descartes, 1644

O sistema de vórtices de Descartes fazia a matéria se mover em nuvens esféricas, muito juntas umas das outras.

166

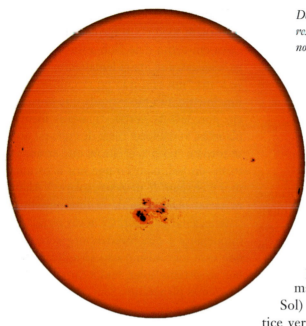

Descartes achava que as manchas solares resultavam do acúmulo de matéria deslocada no vórtice do sistema solar.

De planetas e cebolas

Descartes também admitia que a matéria se movia para fora do vórtice original; ele afirmava que isso explicaria a formação dos planetas. Dentro de cada vórtice, defendia ele, a matéria tende a fluir dos polos para o equador. Normalmente, a matéria primária vai do centro (o Sol) para os polos e contorna o vórtice verticalmente, voltando a entrar no equador. No equador, a parte mais larga do vórtice, os vórtices adjacentes se empurram entre si. Rotineiramente, nenhum invade o território do outro.

As coisas podem dar errado no modelo de Descartes. A estrela central é feita de matéria primária, mas, caso se acumule na superfície, o excesso de matéria secundária ou terciária pode impedir o fluxo de retorno da matéria primária pelo equador. No nosso sistema solar, Descartes acreditava que vemos esse acúmulo nas manchas solares. A matéria continua a fluir dos polos e agora também sai pelo equador, esvaziando o núcleo e destruindo a pressão de dentro para fora que mantém o sistema em equilíbrio. Os vórtices adjacentes, portanto, não são mais contidos, e o vórtice danificado colapsa sob a pressão externa. O torrão da estrela exaurida no centro, incrustado de material das manchas solares, se torna um planeta ou cometa, adotado por uma faixa de um dos vórtices que ocuparam o seu espaço.

torno do Sol: ele conseguiu assoviar e chupar a cana cosmológica.

Descartes distinguia três graus de matéria dentro das faixas. Os corpos grandes, como planetas e cometas, eram a matéria terciária; glóbulos do tamanho de átomos eram matéria secundária; e pedacinhos de detritos "indefinidamente pequenos" formavam a matéria primária. Com essas três categorias, ele buscava explicar todas as propriedades físicas e movimentos, como segue. Um planeta ou cometa descansará numa faixa quando a energia com que foge do centro do vórtice (a sua força centrífuga) for equilibrada pela força centrífuga dos graus menores de matéria. Se a sua força centrífuga for maior do que a matéria da faixa, o corpo continuará rumando para fora até encontrar uma faixa onde possa alcançar o equilíbrio. Descartes explicava a gravidade pelo mesmo método.

CAPÍTULO 7

A teoria cartesiana da formação de corpos celestes a partir da matéria em colapso era muito presciente, embora tenha errado na mecânica e no raciocínio. Fracassou como modelo porque nem Descartes nem os seus seguidores conseguiram realizar o trabalho matemático para sustentá-lo.

A partir das nebulosas

A primeira pessoa a sugerir uma tese que se aproxima da nossa ideia de um sistema que se condensa a partir de uma nuvem (hipótese nebular) foi Emanuel Swedenborg, em 1734. Swedenborg afirmou que havia um "primeiro ponto natural", um momento de contato entre os mundos físico e não físico. Esse primeiro ponto natural não é inteiramente material, mas o universo material vem dele.

No modelo do sistema solar de Swedenborg, o Sol é matéria em movimento, o centro de um vórtice. É composto do "primeiro elemento", o mais refinado, e cercado por matéria do "segundo elemento", que gira em torno do Sol. Pela compressão, as partículas do segundo elemento se tornam maiores e formam um tipo de casca em torno dele. Sob a força centrífuga, essa casca se afasta lentamente do Sol e se torna "um cinturão ou círculo amplo". Finalmente, fica tão esticada que se rompe em porções. As porções maiores formam planetas; as menores caem de volta no Sol e se tornam "corpos erráticos que erram em torno do Sol, como o que nos acostumamos a chamar de manchas solares". Algum material planetário deixa inteiramente o sistema solar para formar novas estrelas. O importante é que Swedenborg acreditava que esse mecanismo não se aplicava apenas ao sistema solar, mas a outras estrelas e sistemas planetários: "em cada sistema de mundo, os princípios são os mesmos".

Deus e caos

Na *História geral da natureza e teoria do céu*, publicada anonimamente em 1755, Immanuel Kant desenvolveu uma teoria nebular mais reconhecível. Hoje, Kant é mais famoso como filósofo do que como

Essa ilustração de O mundo antes do dilúvio, *de Louis Figuier, de 1897, mostra a formação da proto--Terra a partir de uma nebulosa de gás no espaço.*

FAZER MUNDOS

físico, mas, no século XVIII, quando os cientistas eram chamados de "filósofos naturais", havia pouca distinção entre os dois terrenos intelectuais. Kant aproveitou a teoria da gravitação universal de Newton e o trabalho de outros cientistas para tentar explicar a formação do universo com um modelo científico coerente.

Ele não abriu mão de Deus como Criador, mas deu à Divindade um papel muito necessário na criação das leis físicas pelas quais o universo foi feito e funciona. Ele sugeriu que, originalmente, havia um estado de caos, no qual toda a matéria que viria a formar estrelas, planetas e outros corpos estava distribuída em nuvens, desconectada e informe. Imediatamente, o material mais leve começou a se mover na direção do material mais pesado, como dita o trabalho de Newton sobre a gravidade. Com o tempo, esse processo criou o Sol (ou outra estrela semelhante), deixando uma região de espaço vazio que antes ocupava. Outros acúmulos de matéria mais pesada foram, a princípio, atraídos e depois repelidos pelo corpo central. Eles também atraíram matéria mais leve do espaço que os cercava; esse processo resultou na formação de planetas. Os planetas giravam em torno da estrela, e o tamanho da órbita era determinado pela força de atração original. Mais uma vez, essa órbita era desprovida de outra matéria, pois os planetas

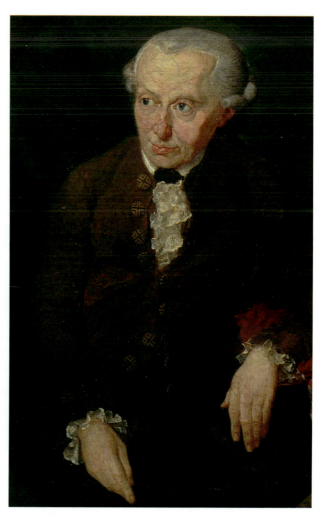

O cientista-filósofo alemão Immanuel Kant.

a tinham atraído para si. O resultado foi um grupo de planetas em órbitas estáveis no espaço vazio em torno de uma estrela grande e densa. As luas se formaram em torno dos planetas praticamente da mesma maneira. Kant também sugeriu que havia vários planetas além de Saturno (na época, desconhecidos); eles explicariam a excentricidade crescente das órbitas dos planetas conhecidos, porque ficam mais longe do Sol.

169

OS COMETAS ENTRAM EM CENA

Em 1745, o cientista francês Georges Leclerc, conde de Buffon, propôs um modo bem diferente para os planetas se formarem. Ele sugeriu que um cometa se chocara com o Sol e que a força do impacto arrancara pedaços que foram lançados no espaço. Quando a força com que foram ejetados foi equilibrada pela atração gravitacional do Sol, eles entraram em órbita e se tornaram planetas. Leclerc não estava muito preocupado com a possibilidade de outros sistemas planetários e não precisou abordar a probabilidade de cada estrela ser atingida por um cometa com força suficiente para arrancar material planetário. Também não deu atenção demasiada à fonte dos cometas.

Visualização de um sistema protossolar se formando no modelo nebular de Laplace. A nuvem giratória de gás se solidifica em planetas.

Gelados no espaço

Em 1796, Laplace descreveu um cenário nebular em que o Sol, a princípio, tinha uma atmosfera extensa e difusa que se espalhava por todo o sistema solar. Ao esfriar, ela se contraiu e acabou lançando longe o material que formou os planetas.

O modelo de Laplace era popular, mas tinha problemas inerentes. Um deles era que a distribuição do momento angular entre o Sol e os planetas não combinava com as suas previsões. Mais tarde, no século XIX, James Clerk Maxwell (1831-1879) ressaltou que a velocidade diferente do material que gira nas partes interna e externa de um anel não permitiria a condensação de matéria do modo que Laplace propusera. No início do século XX, a teoria de Laplace perdera a preferência, mas não havia alternativa convincente.

Ignorado

Em 1969, o cientista soviético Victor Safronov lançou as bases da moderna teoria nebular. Embora tivessem começado naquela época, as viagens espaciais não traziam muitas informações sobre os ingredientes do sistema solar. Com pouca informação concreta para aproveitar, o trabalho de Safronov foi principalmente teórico. Em meio à Guerra Fria, os cientistas soviéticos desenvolviam as suas ideias separados

FAZER MUNDOS

dos cosmólogos do Ocidente, e tomaram um caminho claramente diferente e, ao que parece, correto. Safronov começou supondo que o material que finalmente formaria os planetas era constituído de poeira, gás e grãos de gelo na órbita do Sol, numa nuvem em forma de disco. Ele percebeu que as órbitas seriam elípticas e calculou com que velocidade as partículas colidiriam quando as suas órbitas se cruzassem. Descobriu que as que viajassem em alta velocidade em relação uma à outra seriam destruídas, mas as mais lentas se grudariam, formando um aglomerado maior. Com o tempo, o aglomerado teria massa suficiente para a sua gravidade atrair mais partículas e cresceria ainda mais.

Com a passagem de milhões de anos, o disco se tornaria uma coletânea de planetesimais orbitando num espaço praticamente limpo de partículas menores. Safronov percebeu que a natureza da colisão das partículas faria os planetas (pelo menos no início) terem inclinações axiais semelhantes. Embora levasse algum tempo para ser adotado, hoje o seu trabalho é a base do modelo amplamente aceito do disco solar nebular e foi aperfeiçoado com modelos computadorizados sofisticados das primeiras interações entre partículas e por imagens de planetas em evolução e de discos protoplanetários feitas pelo Hubble.

O modelo de Quioto

O chamado modelo de Quioto, desenvolvido por Chushiro Hayashi na década de 1970, partiu da explicação de Safronov e reforçou a importância do gás no disco. O seu efeito seria produzir arrasto, desacelerando as partículas sólidas de poeira; tam-

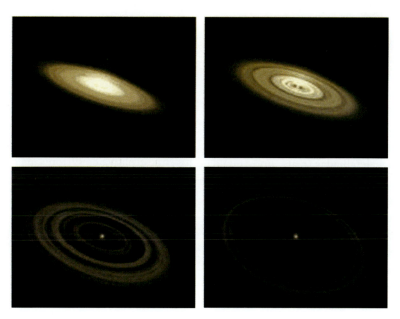

Sequência de formação planetária a partir de um disco de gás e poeira. Surgem lacunas no disco quando os planetas se formam, durante dez milhões de anos, e limpam os detritos das órbitas. Mais matéria é varrida e soprada para o espaço pela radiação e pelos ventos solares. Depois de cerca de um bilhão de anos, só resta um fino disco de detritos em torno do sistema planetário.

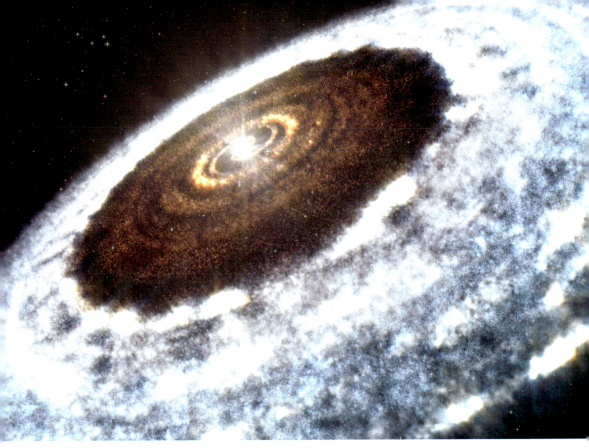

Representação artística da "neve espacial" em torno de V883 Orionis, a 1.350 anos-luz do sistema solar.

bém permitiria a formação dos planetas gasosos, processo que, sozinho, o modelo de Safronov não explicava bem.

A formação do nosso sistema solar é revelada pela composição dos seus planetas, asteroides e outros corpos. No último meio século, as sondas espaciais enviaram informações detalhadas (e até amostras) da matéria de outros pontos do sistema solar.

Se os planetas se formam como rochosos, gigantes gasosos ou gigantes de gelo depende da distância da estrela. Os astrônomos definem a linha de neve ou linha de gelo como o ponto do disco protoplanetário onde a água se congela e circula como gelo e não como gás. Além dessa linha, os gigantes gasosos podem se formar. Mais perto da estrela, as únicas partículas sólidas são poeira (tipicamente, ferro e outros detritos de sistemas já destruídos); isso leva à formação de planetas mais densos.

Em 2016, o rádio-observatório Atacama Large Millimeter/submillimeter Array (Grande Sistema Milimétrico/Submilimétrico do Atacama, ALMA), nos Andes chilenos, tirou a primeira foto de uma linha de neve definida em torno da jovem estrela V883 Orionis, na constelação de Órion. Seria de esperar que a linha de neve se situasse a umas 3 UA (450 milhões de km) da estrela, mas um aumento do brilho da V883 Orionis empurrou a linha de neve para cerca de 40 UA (6 bilhões de km). Isso a torna visível. A linha de neve do nosso sistema solar fica entre as órbitas de Marte e Júpiter.

Origem além da Terra

Na época em que o modelo de Quioto estava em circulação, a astronomia mudou

FAZER MUNDOS

outra vez. Agora, em vez de só pensar em termos do nosso sistema solar, os astrônomos começavam a descobrir indícios da existência de mundos além dele.

Uma ideia herética

A ideia de outros mundos foi postulada pela primeira vez na Grécia, há uns 2.500 anos. Os antigos gregos diferenciavam os planetas como pontinhos de luz distintos das estrelas porque se moviam e não cintilavam. Na *Carta a Heródoto*, o filósofo Epícuro (c. 341-270 a.C.) escreveu: "Há um número infinito de mundos, alguns como este, outros diferentes. Pois os átomos, sendo de número infinito [...] dos quais um mundo pode surgir ou dos quais um mundo pode se formar, não foram todos gastos num único mundo nem num número finito de mundos, sejam semelhantes ou não a este. Daí, não haverá nada que impeça uma infinidade de mundos."

> "Ele postula muitos mundos, muitos sóis, contendo necessariamente coisas semelhantes em gênero e espécie como neste mundo, e até homens."
>
> Do julgamento de Giordano Bruno, executado por heresia em 1600.

Uma extensão natural da crença de Epícuro num número infinito de átomos era que devia haver mais mundos para acomodá-los, uma vez que este aqui claramente não poderia. Epícuro não era o único a pensar assim. O antigo atomista Demócrito pensara na possibilidade de outros mundos no século V a.C.: "Em alguns mundos, não há Sol nem Lua, em outros eles são maiores do que no nosso e, em outros ainda, mais numerosos. Em algumas partes há mais mundos, em outras menos [...] em algumas partes eles estão surgindo, em outras, decaindo. Há alguns mundos desprovidos de criaturas vivas, plantas ou umidade." Apesar disso, a opinião de Aristóteles predominou: "Não pode haver mais de um mundo."

Em 1686, o escritor francês Bernard le Bovier de Fontenelle publicou *Conversas sobre a pluralidade dos mundos*, que explicava ao público em geral o modelo copernicano do sistema solar, postulava a ideia de vida extraterrestre e sugeria que as estrelas fixas eram sóis, cada uma delas iluminando um mundo. Em 1698, o livro *Cosmoteoros*, de Christiaan Huygens, foi publicado postumamente; ele indica que é mais sensato supor que outros planetas têm vida variada do que nenhuma vida; como as outras estrelas são sóis, elas também devem ter planetas habitados. Huygens fez o pressu-

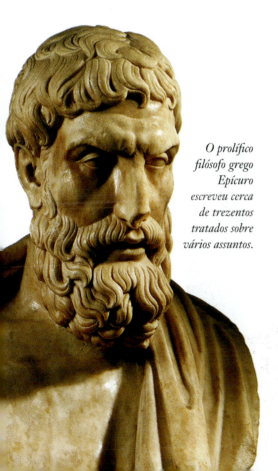

O prolífico filósofo grego Epícuro escreveu cerca de trezentos tratados sobre vários assuntos.

173

CAPÍTULO 7

posto perfeitamente lógico (e exato) de que a razão de não conseguirmos ver os planetas em torno das outras estrelas é que, simplesmente, estamos longe demais.

Até o século XX, a crença de que outras estrelas podiam ter planetas era generalizada. Em 1924, Edwin Hubble afirmou: "A comunidade científica supõe há muito tempo que, se as estrelas são sóis (e vice-versa!) e o Sol tem planetas, é extremamente provável que as outras estrelas também os tenham."

Surgimento dos exoplanetas

Parece que Huygens procurou, sem sucesso, exoplanetas no século XVII. A primeira busca dedicada desse tipo se concentrou na estrela de Barnard, em meados do século XX. O astrônomo holandês Peter van de Kamp passou muitos anos exami-

"Pois então, por que cada uma dessas Estrelas ou Sóis não poderia ter um Séquito tão grande quanto o nosso Sol, de Planetas com as suas Luas, para atendê-los? Nem há uma razão manifesta pela qual deveriam [...] Eles [os planetas] devem ter as suas Plantas e Animais, não somente, e os seus racionais, também, e tão grandes Admiradores, e tão diligentes Observadores dos Céus quanto nós."

Christiaan Huygens, 1698
(publicado postumamente)

Christiaan Huygens foi um dos maiores cientistas de todos os tempos. Fez avançar a astronomia, a física, a mecânica e a matemática e inventou o relógio de pêndulo.

FAZER MUNDOS

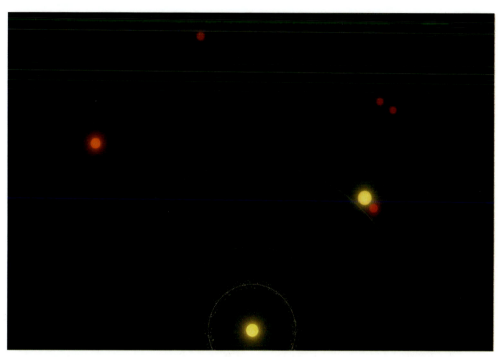

A estrela de Barnard (o globo à esquerda) é a segunda estrela mais próxima do Sol; a mais próxima, Alpha Centauri (os globos amarelo e vermelho à direita) é um sistema de três estrelas.

nando fotografias da estrela de Barnard e encontrou uma oscilação que calculou que poderia ser explicada pela presença de um planeta com 1,6 vez a massa de Júpiter. Ele atualizou essa afirmativa em 1982 para dois planetas separados, com massas de 0,7 e 0,5 a de Júpiter. Astrônomos posteriores não conseguiram reproduzir os seus achados, e parece que eram inválidos, mas logo outros exoplanetas surgiram das trevas. Desde que o primeiro deles foi descoberto em 1995, os astrônomos encontraram cerca de quatro mil planetas orbitando outras estrelas da Via Láctea.

ESTAVA LÁ O TEMPO TODO

Embora Peter van de Kamp errasse ao "encontrar" um super-Júpiter ou dois planetas menores em torno da estrela de Barnard, os astrônomos acreditam agora que, afinal de contas, pode haver um planeta. A estrela de Barnard é uma das nossas vizinhas mais próximas, a apenas seis anos-luz do Sol. É uma anã branca, muito menor do que o Sol, com apenas um décimo da sua massa. O planeta, se existir, orbita a estrela mais ou menos na linha de neve, um pouquinho fora da zona habitável (ver a página 172). O seu ano tem 233 dias terrestres, e a temperatura na superfície pode ser de até −150°C. Tem pelo menos o triplo da massa da Terra e, possivelmente, é muito maior. Em 2019, os astrônomos anunciaram que o planeta pode ter oceanos líquidos sob a superfície e poderia abrigar vida, apesar da superfície congelada.

CAPÍTULO 7

Receita geral de sistema solar

O trabalho do último meio século gerou um modelo de formação planetária que deve ser pertinente a outros sistemas estelares:

- Até um milhão de anos depois da sua formação, a estrela terá um disco protoplanetário de partículas de gás e poeira.

- A gravidade fará a poeira se aglomerar, produzindo torrões de cerca de 1 cm de diâmetro num período de uns mil anos.

- Desde que a densidade das partículas seja suficiente, a acreção entra numa fase acelerada, em que os aglomerados colidem e se unem ou se dispersam para serem absorvidos por outros aglomerados em crescimento.

- Conforme o número de aglomerados se reduz, o crescimento se desacelera, e há uma fase de "acreção oligárquica" em que os maiores embriões de planetas absorvem os menores.

- Dentro de dez milhões de anos, o disco protoplanetário foi todo usado (absorvido pela estrela ou pelos planetas em surgimento, ou então evaporado ou expelido para o espaço). A área que antes preenchia é ocupada por aglomerados de matéria que orbitam no espaço vazio.

- Na região mais interna do sistema planetário, alguns grandes embriões de planeta se combinarão para formar planetas mais ou menos do tamanho da Terra.

- Mais além, os planetas atraem gelo e acumulam gás. Podem ficar muito maiores do que os mais próximos da estrela.

A maior parte do sistema é compreendida, embora ainda não se saiba de que modo os aglomerados de matéria passam de 1 cm para 1 km. A resposta talvez também explique por que algumas estrelas nunca formam planetas (se é que isso acontece).

A linha de neve determinará se o planeta se forma como rochoso (terrestre) ou de gás/gelo. Os planetas gasosos podem chegar a dez vezes o tamanho dos planetas terrestres.

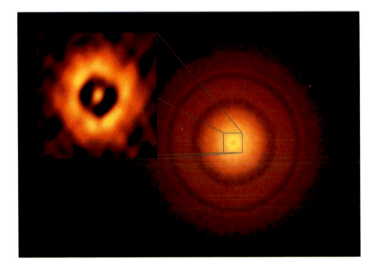

O disco de formação de planetas em torno da jovem estrela T Hydrae, semelhante ao Sol. A imagem ampliada mostra a lacuna planetária mais perto da estrela, mais ou menos na mesma distância da Terra ao Sol. As outras lacunas mostram onde há planetas se formando mais longe.

FAZER MUNDOS

GRANDES BOLAS DE GÁS

Os gigantes gelados e gasosos do nosso sistema solar respondem por quase 99% da massa da matéria que orbita o Sol. O gelo que forma planetas gasosos embrionários é muito mais abundante do que os metais e minerais pesados que formam os planetas rochosos, ou seja, um sistema solar pode formar mais planetas gasosos maiores do que planetas rochosos.

O crescimento causa cada vez mais crescimento. Assim que chega a um determinado tamanho, o planeta embrionário tem massa suficiente para capturar até os elementos hidrogênio e hélio, leves demais para se prender aos planetas menores. Os gases formam um envoltório em torno do planeta embrionário, que cresce ainda mais depressa, principalmente quando a massa do envoltório é igual à massa do núcleo. Provavelmente, Júpiter cresceu até 150 a massa da Terra em cem mil anos. Saturno é muito menor do que Júpiter, provavelmente porque se formou alguns milhões de anos depois e Júpiter já usara boa parte do material para a formação de planetas.

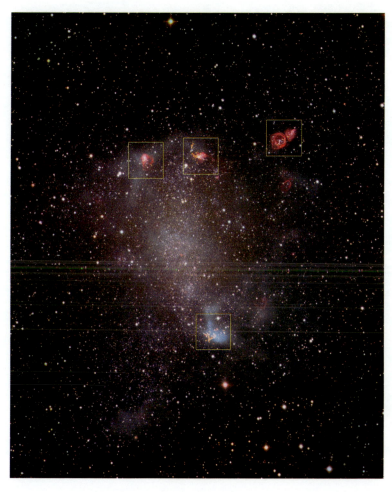

A galáxia de Barnard, a 1,6 milhão de anos-luz daqui, tem muitas áreas de formação de estrelas.

CAPÍTULO 8

DE OLHO NO LAR

"Dizemos que há realmente semelhança entre todas as estrelas, entre todos os mundos, e que a nossa e as outras Terras são organizadas de modo semelhante."

Giordano Bruno,
Acerca do infinito, do universo e dos mundos
(quarto diálogo)

Há planetas de todos os tamanhos e formatos, desde corpos rochosos menores do que a Terra e gigantes de gelo e gás a possíveis "super-Terras" e "super-Júpiteres" em torno de outras estrelas. Estamos apenas começando a descobrir o seu potencial de variedade e a entender exatamente como esses planetas se formaram.

Visualização tridimensional de voo acima da superfície de Marte, feita com dados coletados pela Mars Orbiter.

Vista gerada em computador da região que cerca o vulcão Sapas Mons, na superfície de Vênus. O vulcão tem 400 km de largura e é cercado de fluxos de lava endurecida.

Planetas em crescimento

Quando a nossa própria estrela se formou a partir do colapso da sua nuvem de gás e poeira há 4,6 bilhões de anos, 99,9% do material caiu no centro da nuvem para formar o Sol. O 0,1% final se tornou o disco protoplanetário e deu origem a todos os planetas, luas, asteroides e cometas que hoje orbitam o Sol.

O nosso sistema solar tem uma faixa de planetas rochosos (Mercúrio, Vênus, Terra e Marte), seguida por uma faixa de planetas gasosos e gelados (Saturno, Júpiter, Urano e Netuno). Entre as duas, há uma faixa de asteroides, geralmente considerados detritos deixados pela construção e pelas colisões de planetas. Todos os planetas rochosos têm um núcleo metálico rico em ferro. Há duas teorias principais para explicar a formação de planetas: o modelo de acreção do núcleo e o modelo de instabilidade do disco.

O modelo de acreção do núcleo

A gravidade mantém mais perto da estrela o material mais pesado, e assim os planetas rochosos se formam mais próximos do centro de um sistema solar. Os metais, material mais pesado, são atraídos para o meio de cada planeta em acreção. As rochas silicadas se reúnem em torno do núcleo rico em metal, formando primeiro uma camada espessa de rocha gosmenta e semiderretida. Finalmente, o topo dessa camada endurece e forma a crosta sólida do planeta.

Enquanto os planetas rochosos ainda estiverem derretidos, é provável que todo material mais pesado que chegue seja arrastado para o centro pela gravidade e acrescentado ao núcleo. Quando o planeta atinge uma certa massa, a sua gravidade aumentada lhe permite adquirir e manter materiais mais leves. Ele pode construir em torno de si uma camada de gases: a atmosfera.

DE OLHO NO LAR

ROCHAS DE MARTE

Ainda não recolhemos amostras de rocha diretamente de outros planetas rochosos para trazê-las à Terra, embora algumas missões tenham coletado e examinado rochas *in situ*. No entanto, temos amostras abundantes de rochas marcianas que chegaram à Terra como meteoritos. Esses torrões de rocha basáltica foram arrancados da superfície de Marte pelo impacto de asteroides e lançados no espaço. Em geral, depois de alguns milhões de anos em órbita eles foram atraídos pela gravidade da Terra e caíram no chão, onde podemos recolhê-los e aprender a composição de outro planeta rochoso. A proveniência dos meteoros foi confirmada pela comparação da composição de bolhas minúsculas de gás presas dentro deles com a atmosfera de Marte, testada pelas sondas *Viking* em 1976.

Um pedaço de meteorito de Marte com dois bilhões de anos.

Mercúrio, o menor dos quatro planetas rochosos, tem pouquíssima atmosfera. É o que tem menos massa dos quatro e fica tão perto do Sol que qualquer atmosfera lhe é arrancada pelo vento solar. Vênus e a Terra têm atmosferas substanciais, embora a de Vênus seja composta principalmente de dióxido de carbono e seja muito mais densa e quente do que a da Terra.

O modelo da instabilidade do disco

O modelo de acreção do núcleo não explica bem a formação dos gigantes de gelo e gás. O processo de construir um núcleo grande demoraria demais, milhões de anos, e até aí os gases necessários para a sua imensa atmosfera teriam sido expulsos do sistema solar. O modelo de instabilidade do disco propõe, em vez disso, que nuvens de gás e poeira se aglomeram no disco protoplanetário. Conforme esses aglomerados esfriam e se contraem, o material mais pesado se junta e gravita até o centro para formar o núcleo. Quando a massa aumenta, o aglomerado consegue atrair cada vez mais matéria, e boa parte dela serão gases. O resultado é um núcleo sólido, parecido com o de um protoplaneta rochoso, com um casulo de gás gigantesco em volta.

Não há razão para supor que só exista um método de construção de planetas. A variedade de planetas encontrados em torno de outras estrelas (ver a página 154) indica que os planetas podem se formar de várias maneiras.

CAPÍTULO 8

GIGANTES DE GELO E GÁS

Os gigantes gasosos do nosso sistema solar são menos densos do que a Terra, mas têm massa muito maior: Júpiter tem 300 vezes a massa da Terra, Saturno, 95 vezes. Eles têm um pequeno núcleo sólido cercado de gases (principalmente hidrogênio e hélio), em estados diferentes de acordo com a densidade do gás. Perto do núcleo, o hidrogênio é líquido, mas, mais afastado, é gás, embora sob grande pressão.

Os gigantes gelados Urano e Netuno têm pelo menos dez vezes a massa da Terra. Formados em geral de compostos existentes como gelo na época da sua formação e, provavelmente, feitos de carbono, nitrogênio, oxigênio e enxofre, têm muito menos hidrogênio e hélio do que os gigantes gasosos. Em torno de um pequeno núcleo rochoso, há uma lama quente e densa de gelo, formada principalmente de água, metano e amônia (apesar de quente, a pressão força as moléculas a ficarem tão juntas que formam uma lama de gelo semissólido). Há uma atmosfera gasosa depois da camada espessa de material gelado.

A matéria-prima dos planetas

Por sorte da ciência, nem todo o material do disco protoplanetário do Sol foi varrido pelos planetas e luas. Restou bastante para formar asteroides e meteoros. Às vezes, eles caem na Terra, e com essas amostras valiosíssimas aprendemos coisas sobre a matéria que circundava o nosso Sol há 4,55 bilhões de anos. Os meteoritos rochosos, também chamados condritos, são pedaços solidificados do disco protoplanetário, os componentes mais fundamentais do sistema solar. Embora muitos tenham sofrido choques (inclusive colisões e decaimento radiativo) que os aqueceram e derreteram em parte, mudando a sua estrutura, outros permaneceram intatos.

Poeira de estrelas capturada

Os condritos contêm glóbulos minúsculos e quase esféricos de silicatos e metais chamados côndrulos. Eles já foram gotículas derretidas em flutuação livre no disco protoplanetário, mas ficaram presos numa matriz de poeira. A poeira inclui grãos pré-solares, ciscos minúsculos que predatam o sistema solar e vêm de gerações de estrelas anteriores.

Podemos ver a história do universo nos grãos pré-solares dos condritos. Eles têm marcas químicas e estruturais que combinam com tipos específicos de eventos em estrelas. Se soubéssemos o suficiente, poderíamos rastrear a origem de cada grão até a sua estrela-mãe e ver como um meteorito foi forjado com a poeira de múltiplas estrelas espalhada pela galáxia.

Os grãos eram a poeira sólida no gás que se condensou no disco protoplanetário e em torno dos quais ocorreu a acreção de matéria. Muitos foram absorvidos por planetas e outros corpos maiores e, efeti-

Fatia ampliada de condrito, mostrando os diversos grãos presentes.

182

DE OLHO NO LAR

vamente, estão perdidos para nós. Os grãos pré-solares representam apenas uma fração percentual da massa dos condritos. Dentro deles, a razão dos isótopos de dois gases raros, o neônio e o xenônio, é diferente do padrão do sistema solar. Essa diferença é a pista da sua origem.

As marcas da poeira de estrelas

Na década de 1960, a crença predominante era que a nuvem de gás que se condensou para formar o sistema solar era inteiramente homogênea. Quando a espectroscopia de massa revelou as razões diferentes entre os isótopos de gases nobres em alguns meteoritos primitivos, a tentativa inicial de explicar as variações se baseava no modelo existente.

Isso só mudou na década de 1970, quando o astrofísico americano Donald Clayton propôs que as supernovas são imensamente radioativas e produzem muitos radioisótopos (ver a página 184). Clayton calculou a prevalência dos isótopos produzidos por supernovas e liberados no meio interestelar. Então, alguns desses isótopos decaem em outros; Clayton calculou quais seriam as razões dos diversos isótopos no meio interestelar. Ele conseguiu ligar a composição dos grãos pré-solares à atividade de estrelas mortas havia muito tempo, ligando a poeira de estrelas ao exame de condritos.

Donald Clayton, à esquerda, com William Fowler (ver a página 138).

CAPÍTULO 8

> **PROVAS ARENOSAS**
>
> Alguns grãos pré-solares de supernovas contêm grande quantidade do isótopo de cálcio Ca-44. Em geral, no sistema solar, a proporção do isótopo Ca-44 no cálcio é de apenas 2%. Clayton constatou que o excesso de Ca-44 é o remanescente (produto do decaimento radiativo) do titânio-44, produzido em grande quantidade nas supernovas Tipo II. Mas o Ti-44 tem meia-vida de apenas 59 anos, e não restaria muito depois de 4,6 bilhões de anos. O Ca-44, produto do seu decaimento, é estável e não desaparecerá. Encontrar Ca-44 num grão pré-solar revela que o grão veio de uma supernova Tipo II.

Em 1975, Clayton propôs que pedacinhos condensados da matéria de gigantes vermelhas e supernovas — poeira de estrelas, em outras palavras — existiriam em todo o meio interestelar e explicariam as razões anômalas dos isótopos. A sua sugestão foi ignorada; naquele momento, até a existência da poeira de estrelas era puramente hipotética. Em 1987, o aprimoramento da espectroscopia de massa revelou resíduos de condritos que combinavam com as razões isotópicas que Clayton previra para determinado tipo de estrela gigante vermelha. Finalmente lhe deram razão, e a descoberta da poeira de estrelas data oficialmente de 1987.

Formação de cometas

Os cometas se formam de poeira e gelo nos confins do sistema solar, bem além de Plutão. A missão Stardust da NASA recolheu poeira do cometa Wild 2 em 2004 e a trouxe à Terra. Esperava-se que a Stardust trouxesse uma mistura de gelo e grãos pré-solares, mas há pouquíssimos destes últimos. A maior parte do cometa consistia de gelo e rocha do interior do sistema solar. A rocha estava sob a forma de condritos e algumas partículas chamadas de Calcium Aluminum Inclusions (inclusões ricas em cálcio e alumínio, CAIs). Os condritos, como os dos meteoros, derreteram em temperaturas altíssimas perto do Sol nos primeiros dias do sistema solar; depois, se condensaram. De algum modo, os condritos foram lançados para a borda do sistema solar, onde se fundiram com o gelo para formar cometas. Esse resultado inesperado tem consequências para o modo como os materiais se distribuíram por todo o sistema solar.

O cometa Wild 2 fotografado pela espaçonave Stardust da NASA em 2004.

DE OLHO NO LAR

Rochas no espaço

A maioria dos asteroides do sistema solar fica num cinturão entre Marte e Júpiter. Quando Júpiter se formou, a sua gravidade impediu a formação de mais planetas na região. O cinturão de asteroides contém detritos de objetos que colidiram e se esmagaram e nunca foram incorporados a um planeta. Inclui até 1,9 milhão de asteroides com pelo menos 1 km de diâmetro. Foram identificados dez mil asteroides perto da Terra, dos quais 1.409 são classificados como potencialmente perigosos, ou seja, poderiam representar uma ameaça ao nosso planeta. A colisão entre corpos em órbita pode ser catastrófica; é provável que um asteroide ou cometa que atingiu a Terra perto do Golfo do México tenha causado a extinção, 66 milhões de anos atrás, dos dinossauros não aviários e de muitas outras espécies. Essa possibilidade já tinha ocorrido a Pierre-Simon Laplace em 1797, antes mesmo que se soubesse de alguma extinção em massa.

> "A pequena probabilidade de colisão da Terra com um cometa pode se tornar muito grande [...] depois de uma longa sequência de séculos. *É fácil imaginar o efeito desse impacto sobre a Terra. O eixo e o movimento de rotação mudaram, os mares abandonaram a sua antiga posição* [...] uma grande parte dos homens e animais se afogou nesse dilúvio universal ou foi destruída pelo violento tremor provocado no globo terrestre."
>
> Pierre-Simon Laplace, 1796

Concepção artística de um cinturão de asteroides.

CAPÍTULO 8

O outro lado da Lua tem mais crateras do que o lado voltado para nós, com as cicatrizes de muitos impactos.

Alto impacto

Nos primeiros dias do sistema solar, as colisões entre asteroides e planetas recém-formados eram comuns. De 4,1 a 3,8 bilhões de anos atrás, num período chamado de Intenso Bombardeio Tardio, os planetas foram surrados por asteroides e cometas. Os indícios são visíveis como crateras e cicatrizes na Lua e em Mercúrio. Para ver quantos asteroides podem ter caído na Terra, só precisamos olhar o outro lado da Lua. A sua superfície é crivada de crateras, e crateras dentro de crateras, que devem ter sido causadas por incontáveis impactos. Sem dúvida, os asteroides contribuíram com a geologia da Terra, mas não há indícios do bombardeio porque a erosão e a atividade geológica removeram todos os vestígios.

Ouro do céu

Embora o ferro e elementos mais pesados como o ouro fossem atraídos para o núcleo da Terra durante a sua formação, hoje podemos extrair esses elementos perto da superfície do planeta. A melhor explicação disso, sugerida na década de 1970, é que a maior parte dos metais preciosos e pesados acessíveis na Terra foi trazida por meteoritos. Cerca de duzentos milhões de anos depois de formada, a Terra começou a ser bombardeada por rochas do espaço. Estima-se que choveram vinte bilhões de bilhões (quintilhões) de toneladas de asteroides, trazendo metais que se incorporaram à crosta terrestre. A presença de ouro em rochas trazidas da superfície da Lua parece sustentar isso.

Outra teoria é de que alguns metais

pesados se dissolveram na rocha derretida do manto, mas não chegaram ao núcleo. Depois, foram levados de volta à superfície pela atividade vulcânica. Mesmo assim, a proporção dos diversos metais encontrados na superfície da Terra ainda exigiria que meteoritos trouxessem alguns deles.

> **CORAÇÃO DE OURO?**
> O ouro não foi o único metal precioso a afundar no núcleo nos primeiros dias da formação da Terra. Outros metais úteis e valiosos, como a platina, também estão lá. Acredita-se que no núcleo da Terra haja metal precioso suficiente para cobrir a superfície com uma camada de 4 m de espessura.

Como fazer uma Lua

Embora muitas colisões com rochas espaciais causassem grandes rombos na superfície da Terra, um desses eventos pode ter causado um resultado mais dramático. Bem no início da história do sistema solar, cerca de cem milhões de anos depois que a Terra se formou, um planeta ou protoplaneta mais ou menos do tamanho de Marte se chocou com tanta força na Terra que a Lua foi criada com os detritos. Essa hipótese geralmente aceita do grande impacto, não foi a primeira tentativa de explicar a existência da Lua.

Outra ideia, a hipótese da fissão, foi proposta por George Darwin (filho de Charles) em 1898. Ele sugeriu que um naco da Terra ainda derretida foi lançado ao espaço pela força centrífuga da rápida rotação do jovem planeta e formou a Lua. Outra ideia foi que a Terra capturou a Lua de outro lugar. Outra hipótese ainda propunha que a Terra e a Lua se formaram juntas no nascimento do sistema solar, ambas absorvendo matéria do disco protoplanetário como um sistema binário.

Dessas teorias, a primeira, por muito tempo, foi considerada a mais provável. Quando pudemos medir a composição da Lua e examinar os elementos e isótopos lá presentes, ficou claro que as suas rochas combinavam com as encontradas no manto da Terra, embora contivessem menos ferro, material do núcleo terrestre. Se a Terra e a Lua tivessem se formado lado a lado com o mesmo material (a terceira teoria), seria de esperar que tivessem a mesma composição, inclusive a mesma quantidade de ferro. A terceira teoria também é eliminada pelo momento angular do sistema Terra-Lua. Se, de acordo com a segunda teoria, a Terra tivesse capturado a Lua de outro lugar do sistema solar, não esperaríamos uma semelhança tão grande entre os materiais do manto da Terra e das rochas da Lua.

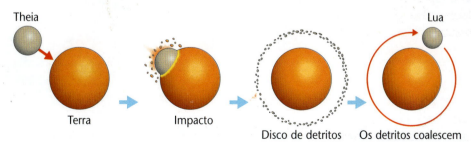

Formação da Lua como resultado do impacto com Theia, planeta do tamanho de Marte.

CAPÍTULO 8

Reginald Daly revisou a teoria de Darwin em 1945, mas sugeriu que, em vez de a Terra ter lançado longe um pedaço seu para se tornar a Lua, outro corpo se chocara com a Terra e lançara longe um pedaço dela. Esse refinamento passou despercebido até 1974, quando foi revisto e discutido por William Hartmann e Donald Davis e aperfeiçoado como a hipótese atual do grande impacto.

Segundo ela, um planeta em aproximação, hoje chamado Theia, atingiu a Terra num determinado ângulo com tanta força que o planeta e um pedaço da Terra foram lançados no espaço. Um pouco de Theia, inclusive o seu núcleo de ferro, permaneceu na Terra derretida e afundou para fazer parte do seu núcleo. Enquanto isso, uma mistura de detritos dos dois planetas ficou na órbita da Terra e coalesceu como a Lua num processo que pode ter levado de um mês a um século. Isso explica razoavelmente bem a composição relativa da Lua e da Terra e o momento angular da Lua.

Entranhas turbulentas

O resultado dessa gigantesca colisão com Theia seria a superfície derretida, tanto na Terra quanto na Lua. Depois, a superfície da Terra esfriaria e se solidificaria lentamente, mas a rocha derretida do manto continuaria, e continua, a fluir devagar em torno do planeta, levando consigo lajes da crosta da Terra, as chamadas placas tectônicas. A atividade vulcânica permite que o magma do manto saia à superfície, criando novas rochas. A princípio, o mesmo aconteceu na Lua, mas ela não é mais geologicamente ativa e, provavelmente, os seus vulcões estão extintos. Outros planetas e luas do sistema solar também têm vulcões, e muitos expelem água ou gelo em vez de rocha derretida. Parece que a atividade geológica é uma característica que podemos esperar em outros sistemas planetários.

Coisas do espaço

Parece que asteroides, cometas e meteoros são responsáveis pelo material encontrado

Até hoje, a atividade vulcânica recicla a crosta rochosa da Terra através da parte superior do manto.

O exoplaneta Kepler 10b foi o primeiro exoplaneta rochoso confirmado em 2011. Fica vinte vezes mais perto da sua estrela do que Mercúrio do Sol, com uma superfície abrasada com cerca de 1.370°C.

perto da superfície de muitos planetas — não só metais pesados, mas também água e, talvez, até os componentes da vida. Os depósitos de água congelada perto dos polos de Mercúrio podem ter sido levados por cometas bilhões de anos atrás. Como estão perpetuamente na sombra, o gelo nunca derreterá.

Uma das outras surpresas trazidas pela missão Stardust foi a presença de glicina, um aminoácido. Os aminoácidos são os tijolos constitutivos das proteínas, que são a base da vida. Portanto, a missão Stardust revelou que pelo menos uma molécula prebiótica foi trazida à Terra por cometas e, inevitavelmente, foi parar também em outros corpos do sistema solar.

Longe daqui

No nosso sistema solar, temos um conjunto relativamente limitado de planetas: rochosos perto do centro, gigantes gasosos mais além e gigantes gelados depois deles. Entre os exoplanetas (planetas em torno de outras estrelas) descobertos até agora, há muitos gigantes gasosos, alguns maiores do que os do nosso sistema solar, grandes planetas rochosos, planetas gasosos quentes e, talvez, planetas de gelo quentes. Provavelmente há muitos planetas rochosos mais ou menos do mesmo tamanho da Terra, mas são dificílimos de detectar. Os planetas rochosos maiores do que a Terra são chamados de "super-Terras". Uma teoria é que os maiores dentre esses planetas rochosos seriam o núcleo de enormes planetas gasosos que perderam o envoltório de gás.

Júpiteres quentes são gigantes gasosos com órbitas muito próximas da sua estrela e têm período orbital muito curto e temperatura altíssima. O primeiro exoplaneta descoberto na órbita de uma estrela como o Sol foi chamado de 51 Pegasi. Fica vinte vezes mais perto da sua estrela do que a Terra do Sol e tem um período orbital de apenas quatro dias.

CAPÍTULO 8

Um planeta do tamanho de Netuno, mas quatorze vezes mais próximo da sua estrela do que Mercúrio do Sol, orbita uma anã vermelha a trinta anos-luz da Terra. É um planeta de "gelo quente", que se acredita formado principalmente de água. Parte da água estará em formas exóticas de gelo criado sob pressão, e a sua atmosfera pode ser de vapor d'água.

Pouco se sabe de planetas como esses, que mal conseguimos identificar de tão distantes. É cedo demais para dizer como se formaram ou até como são exatamente.

E a vida?

Não sabemos se a vida é comum ou rara no universo, nem mesmo se a Terra é o único planeta que a sustenta (o que parece improvável). A vida pode ter começado na Terra algumas centenas de milhões de anos depois que o planeta se formou.

De lá para cá

Sabemos que a vida na Terra começou há pelo menos 3,5 bilhões de anos (talvez há 4,3 bilhões). A fotossíntese, processo que hoje alimenta o mundo, começou pelo menos há 2,3 bilhões de anos. Método pelo qual as plantas produzem glicose a partir de água e dióxido de carbono, a fotossíntese usa a energia da luz do sol para alimentar a reação. Surgiu em organismos unicelulares chamados cianobactérias, semelhantes às atuais algas verdes e vermelhas. A imensa quantidade de oxigênio produzida causou a primeira extinção em massa e matou a maior parte dos outros organismos simples que não precisavam de oxigênio e não o toleravam.

Então, veio a evolução de novas formas de vida que dependiam de oxigênio e viviam no mar. Durante muito tempo, elas permaneceram bastante simples, mas há uns 540 milhões de anos houve uma súbita explosão de diversidade. Depois disso, a evolução disparou. Alguns organismos saíram do mar e colonizaram a terra; as plantas e animais terrestres se diversificaram.

No Período Carbonífero, de 359 a 299 milhões de anos atrás, a Terra era coberta por uma floresta luxuriante; anfíbios e artrópodes, inclusive insetos, eram os animais terrestres dominantes. Então, a mudança climática levou os répteis a assumirem o comando; com a evolução de ovos que podiam ser postos fora d'água, os animais foram mais para o interior. Os últimos trezentos milhões de anos viram de tudo, da evolução de dinossauros, aves e mamíferos ao surgimento da humanidade. Os seres humanos existem há no máximo dois milhões de anos — um mero piscar de olhos no tempo geológico.

Vida no espaço

É impossível extrapolar, com base na amostra encontrada num planeta, se é provável descobrir vida em outros lugares. Se a vida na Terra tivesse começado pouco tempo depois da estabilização da superfície, talvez o seu começo fosse relativamente fácil e comum em todo o universo. No entanto, o planeta levou mais de quatro bilhões de

Concepção artística de um exoplaneta teórico que orbita Beta Pictoris, a 63 anos-luz daqui. O planeta tem período de rotação (dia) de oito horas e gira mais depressa do que todos os planetas do nosso sistema solar.

anos para evoluir de corpo estéril a Terra cheia de vida sofisticada. E levou quase toda a sua história para chegar ao ponto em que uma espécie, a humana, pode se aventurar além do planeta que a abriga. Talvez isso signifique que a evolução de vida avançada e, principalmente, de uma espécie tecnológica seja dificílima e raramente ocorra; ou talvez qualquer planeta com vida acabe chegando lá. Simplesmente não sabemos.

Dentro do nosso sistema solar, podemos ter bastante certeza de que a Terra é o único planeta rochoso com oceanos líquidos e formas de vida grandes. Mas pode haver vida em outros planetas (talvez sob a superfície, talvez muito pequena) e pode haver vida em algumas luas. Quanto aos exoplanetas, não temos como saber se podem sustentar alguma forma de vida. Por enquanto, a Terra continua a ser o nosso único modelo de planeta habitável, e as várias formas vivas que existem aqui são os nossos únicos modelos de vida. Pode haver formas de vida diferentes em outros locais, inclusive algumas que nem reconheceremos como tal.

CAPÍTULO 9

ONDE ISSO VAI ACABAR?

"Em tempo real, o universo tem início e fim em singularidades que formam uma fronteira do espaço- -tempo e nas quais as leis da ciência se decompõem."

Stephen Hawking,
A teoria de tudo: a origem e o destino do universo, 2003

A teoria do Big Bang nos dá uma ótima ideia de como o universo começou. Mas como ele vai acabar? Três possibilidades dominam o pensamento cosmológico. Inevitavelmente, não será bom passar por nenhuma delas, mas felizmente não estaremos aqui para ver acontecer.

Duas galáxias em espiral se fundem a uns 150 milhões de anos-luz de distância. A fusão levará alguns milhões de anos.

CAPÍTULO 9

Cada vez maior

Como vimos, o universo começou com uma explosão, passou por um brevíssimo período de expansão exponencial e se acomodou num padrão de expansão constante. Fica a impressão de que, então, ele adotou um padrão de fazer e destruir estrelas, construir planetas e repetir a sequência, e a cada circuito enriquece o material de construção com elementos feitos na rodada anterior. Mas o universo tem outra surpresa reservada para os astrônomos. Há uns 5 ou 6 bilhões de anos, o ritmo de expansão começou a se acelerar. Isso foi descoberto recentemente, em 1998, e derrubou boa parte do que pensávamos saber.

O modelo aceito

Durante a maior parte do século XX, o modelo cosmológico equilibrava a expansão do universo com a força de gravidade que o mantém. Esperava-se que o ritmo de expansão se desacelerasse aos poucos e finalmente parasse completamente em algum momento no futuro distante. Mas, em 1998, o Telescópio Espacial Hubble revelou que a expansão do universo se acelerou, em vez de se retardar.

A taxa em que o universo se expande se chama constante de Hubble. É dada em quilômetros por segundo por megaparsec (km/s/Mpc). Hubble calculou o valor da constante em 1929, usando estrelas variáveis cefeidas da galáxia de Andrômeda. O valor que encontrou, 342.000 milhas por hora por milhão de anos-luz, é mais ou menos igual a 500 km por segundo por megaparsec, quase dez vezes o valor atualmente aceito. Dava ao universo uns dois bilhões de anos de idade. Mas quase imediatamente surgiu um problema com esse número. Na década de 1930, a datação radiativa estabeleceu que há na Terra rochas de três bilhões de anos. Como a Terra poderia ser mais velha do que o universo?

A primeira estatística razoavelmente precisa de 75 km/s/Mpc foi obtida em 1958 pelo astrônomo americano Allan Sandage.

Fotografia panorâmica do Very Large Telescope do ESO, o telescópio óptico mais avançado do mundo.

ONDE ISSO VAI ACABAR?

> ## COMO MEDIR A CONSTANTE DE HUBBLE
>
> Hoje, os cosmólogos medem a constante de Hubble calculando a distância de dois tipos de objeto: estrelas variáveis cefeidas e supernovas tipo Ia em galáxias distantes. Ambos servem de velas-padrão: têm luminosidade estável e previsível. O ritmo da pulsação de uma variável cefeida indica o seu brilho real. Ao compará-lo com o brilho aparente visto da Terra, os astrônomos conseguem avaliar a que distância está a estrela. As supernovas tipo Ia explodem com um brilho-padrão. Ao medir o desvio para o vermelho da luz que chega à Terra, os astrônomos conseguem calcular a distância da supernova. O telescópio Hubble foi usado para calcular a distância de 2.400 estrelas variáveis cefeidas em 19 galáxias e 300 supernovas distantes tipo Ia.

Aluno de Hubble na pós-graduação, em 1952 Sandage produziu dados que dobraram a idade suposta do universo de 1,8 para 3,6 bilhões de anos, novamente trabalhando com estrelas variáveis cefeidas. Alguns anos depois, ele aumentou a idade para 5,5 bilhões de anos e, mais tarde, para 20 bilhões de anos.

O primeiro valor calculado com base nas observações do telescópio Hubble foi de 72 ±8 km/s/Mpc em 2001. O valor mais recente e preciso do telescópio é de 74,03 ±1,42 km/s/Mpc, de 2019, mas o valor mais recente calculado a partir da medição de Planck da radiação cósmica de fundo em micro-ondas é de 67,4 km/s/Mpc. A disparidade é perturbadora. Os cosmólogos não sabem a causa da "tensão" (como eles dizem) entre os números, e a medição de 2019 aumentou a diferença, deixando os físicos em dúvida. Pode haver algo errado com o nosso modelo do cosmo ou algum tipo novo de partícula indisciplinada no universo em que ninguém pensou.

Edwin Hubble usa um telescópio em terra.

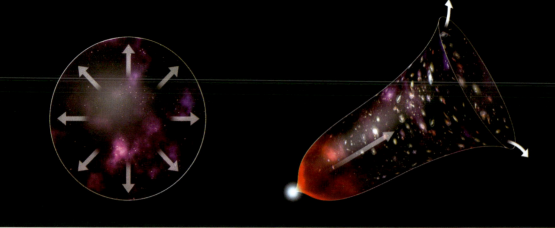

A constante cosmológica atua como força que leva à expansão do universo para fora (à esquerda) e resulta num universo que se expande cada vez mais depressa com o tempo (à direita).

Cada vez mais depressa

Que o universo ainda esteja se expandindo combina com a expectativa que temos do Big Bang. Mas o fato de que a taxa de expansão está aumentando em vez de diminuir deixou os cosmólogos perplexos. Em 2019, descobriu-se que ela está aumentando em até 9% — mais depressa ainda do que se pensava. Os dados coletados pelo telescópio Hubble em supernovas longínquas mostram que o universo se expandiu mais devagar no passado distante. A busca de uma explicação gerou três possibilidades:

- a "constante cosmológica" que Einstein rejeitou ao aceitar a expansão do universo deveria ser reinstituída

- algum tipo de fluido energético enche o espaço e empurra as galáxias mais para longe

- a teoria da gravidade de Einstein está errada e uma nova teoria é necessária.

Sem serem capazes de explicar, os cosmólogos deram um nome ao que alimenta a expansão: energia escura. Ela não é apenas um componente pequeno e representa cerca de 68% do conteúdo de matéria/energia do universo.

Criar mais nadas

A teoria predominante é de que a energia escura empurra as galáxias para longe umas das outras por criar mais espaço entre elas. "Mais espaço" pode aparecer do nada. As equações de Einstein mostram que o espaço pode simplesmente começar a existir. O novo espaço "vazio" pode possuir energia. Uma consequência de somar essas duas coisas é que, se aparecer mais espaço, a densidade de energia do espaço não diminui. Quanto mais espaço se acrescenta entre as galáxias, mais energia aparece para continuar a afastá-las. O resultado seria o que já vimos — expansão acelerada —, com o universo crescendo cada vez mais depressa e com mais espaço energético surgindo entre as suas partes. É uma boa solução, mas continua hipotética.

Como vimos, a teoria quântica permite que o espaço "vazio" abrigue partículas temporárias ou "virtuais" que aparecem e somem rapidamente, com o resultado, mais uma vez, de que ele não é realmente vazio. A princípio, acharam que isso explicaria a energia escura. Mas os cálculos com base nessa ideia chegaram a um excesso de 10^{120} vezes mais energia. É muito mais do que podemos nos livrar rearrumando os cálculos ou remendando a teoria. O resultado líquido é que simplesmente não sabemos. A energia escura continua a ser um grande quebra-cabeça ainda a ser resolvido.

Daqui, aonde vamos?

A nossa ignorância sobre a natureza da energia escura tem outra consequência importante: não sabemos o que acontecerá com o universo no futuro. Se a energia escura é um tipo de campo que foi ligado há 5 ou 6 bilhões de anos, será que pode se desligar em algum momento futuro? Ou continuará a acelerar a expansão para sempre?

Três amplas possibilidades para o futuro do universo foram discutidas. Durante milhares de anos, elas configuraram e se refletiram em mitos e religiões, assim como em discussões filosóficas e, mais recentemente, na ciência:

- o universo pode continuar perpetuamente;

- pode acabar de uma vez por todas;

- pode acabar e recomeçar num grande projeto de reciclagem.

Mundo sem fim

Os mesmos filósofos gregos antigos que vislumbraram o universo sem começo também supuseram que não teria fim. Um universo eterno se estende interminavelmente para trás e para a frente no tempo. Newton era da mesma opinião: o universo é eterno e, na escala maior, imutável. Até Einstein concordava e acrescentou a sua constante cosmológica para forçar o universo estacionário. Mas, depois que a descoberta da radiação cósmica de fundo em micro-ondas deu sustentação a um momento específico de origem no Big Bang, o futuro foi posto em dúvida.

Esmagar ou resfriar

No fim do século XX, os cosmólogos passaram a concordar com um universo finito no tempo, pelo menos na sua forma atual. Eles previram duas possibilidades para o seu destino. Se houver matéria suficiente no universo, a gravidade acabará superando a expansão e o universo entrará em marcha a ré. Essa concentração se acelerará quando os objetos se aproximarem e terminará no "Big Crunch", o grande colapso ou grande esmagamento. Mas, se não houver matéria suficiente para produzir toda essa gravidade, os objetos se afastarão cada vez mais uns dos outros, perdendo calor e resultando num universo frio, infinitamente disperso — o Big Chill ou grande resfriamento, a morte do calor do universo. No início dos anos 1990, os cálculos da massa do universo

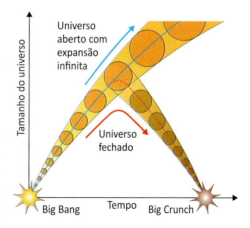

Dois futuros possíveis para o universo: aumento eterno do tamanho ou reversão e contração, terminando num "Big Crunch".

CAPÍTULO 9

QUINTESSÊNCIA OU ÉTER

Aristóteles propôs que, para preencher o reino celeste, haveria uma substância misteriosa que passou a ser chamada de "quintessência". Ao contrário dos quatro elementos clássicos que formariam a Terra (terra, água, ar e fogo), considerava-se que a quintessência era extremamente refinada ou "sutil", que sempre se movia em círculos, que era imutável e não tinha nenhuma das qualidades de quente, frio, úmido e seco que caracterizavam os elementos terrestres. Mais tarde, os escritores passaram a chamar essa substância de "éter". A partir da década de 1670 e do trabalho de Newton sobre a luz, surgiu uma versão mais moderna do éter como o meio pelo qual a luz e, mais tarde, outras radiações eletromagnéticas podiam viajar. Christiaan Huygens descreveu ondas de luz atravessando um "meio onipresente e perfeitamente elástico, com densidade zero, chamado éter". No século XIX, a partir do trabalho de James Clerk Maxwell, ficou claro que o éter não era necessário para transportar as ondas de energia pelo espaço. Albert Michelson e Edward Morley realizaram uma experiência famosa para procurar o éter em 1887, mas não encontraram nenhum indício dele. Até hoje, nenhum éter foi descoberto.

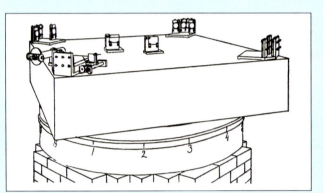

O equipamento de Michelson e Morley foi montado sobre uma laje de pedra acima de um tanque de mercúrio. Comparava a velocidade da luz que viajava em diversas direções para testar a diferença entre a luz que viajava na mesma direção do "éter" e a luz que viajava em ângulo reto a ele.

A MORTE DO CALOR

A "morte do calor" do universo soa como se fosse um término quente, como os cataclismos ardentes profetizados em algumas religiões; mas é o contrário. Na "morte do calor" do universo, o próprio calor morrerá. O esfriamento do universo foi sugerido pelo astrônomo francês Jean Sylvain Bailly em 1777. Ele acreditava que todos os planetas têm calor interno e o perdem lentamente com o tempo. A Lua, afirmava, já era fria demais para sustentar a vida. Júpiter, por outro lado, era quente demais para isso. Claramente, a Terra está na zona de Cachinhos de Ouro, ou seja, é "certinha" — por enquanto.

Em 1852, Lord Kelvin delineou as duas leis que se tornariam as primeiras da termodinâmica e, em 1862, escreveu, em referência ao Sol (ver a página 80) que a energia é conservada, mas a energia mecânica se dissipa como calor. O resultado "seria inevitavelmente um estado de repouso e morte universais", mas só se o universo fosse finito. Kelvin acreditava que era "impossível conceber um limite para a extensão de matéria no universo" e, portanto, que o universo poderia esperar "progresso sem fim" em vez de "parar para sempre".

ONDE ISSO VAI ACABAR?

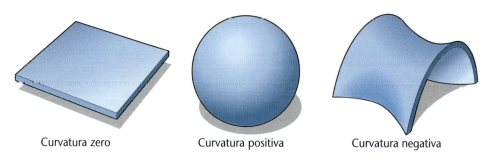

Curvatura zero   Curvatura positiva   Curvatura negativa

Três formatos possíveis do universo, representados em três dimensões.

pareciam favorecer o Big Chill como destino final.

Novas perspectivas

Tudo mudou em 1998 com a descoberta de que a expansão está se acelerando. O modelo do "Big Rip" (a grande ruptura) propõe que a expansão desregrada irá muito mais longe do que a morte do calor do Big Chill. Em vez disso, a energia escura poderá dilacerar primeiro as galáxias, depois as estrelas e, finalmente, até as moléculas e átomos.

Hoje, os astrônomos tendem a favorecer o Big Chill ou o Big Rip; o Big Crunch perdeu a preferência. Qual será depende do formato do universo, da natureza da energia escura e se ela continua a se propagar ou se deixa de aparecer de repente, com tanta rapidez quanto, aparentemente, começou a surgir.

O formato de tudo

Há três "formatos" de universo possíveis. Ele pode ter curvatura positiva, negativa ou não ter curvatura nenhuma. Como tem três dimensões espaciais e uma temporal, visualizar esses estados é praticamente impossível, embora eles possam ser descritos matematicamente. A superfície plana não precisa de explicação. A curvatura positiva lembra a superfície de uma esfera e define um universo fechado. Esse tipo de universo tem massa suficiente para a gravidade interromper a expansão e afinal revertê-la, levando à contração e, em última análise, ao Big Crunch. A curvatura negativa lembra o formato de uma sela e define um universo aberto. Esse universo tem massa insuficiente para a gravidade superar a expansão e se expandirá para sempre.

A maioria dos cosmólogos acha que os dados atuais favorecem o universo plano. Nesse modelo, só há massa suficiente para desacelerar a expansão a zero, mas depois de um tempo longuíssimo. Essa conclusão se baseia em dados dos exames da radiação cósmica de fundo em micro-ondas pela WMAP, que indicam que o universo é plano com uma margem de 0,4%. No entanto, é uma conclusão baseada no universo observável; nada podemos saber sobre o universo além dessa porção. Talvez pareça plano porque vemos uma parte tão pequena do todo que a sua curvatura não é aparente, assim como não notamos a curvatura da Terra quando estamos em pé num campo e observamos que é possível no mundo que nos cerca.

CAPÍTULO 9

Algo a partir de nada

A cosmologia não tem nomes nem ferramentas para avaliar o que pode acontecer depois do fim da expansão do universo, quer tome a forma de Big Rip, Big Chill ou Big Crunch. Se houver um Big Crunch, talvez tudo recomece, como sugeriam algumas antigas cosmologias míticas — e alguns cosmólogos mais recentes. Se terminar com tudo infinitamente espalhado, talvez seja um infinito de nada, escuro e frio. Mas tudo começou do nada, e veja só o que aconteceu. Se a história do universo nos ensina alguma coisa, é que "nada virá do nada" não é um ditado confiável.

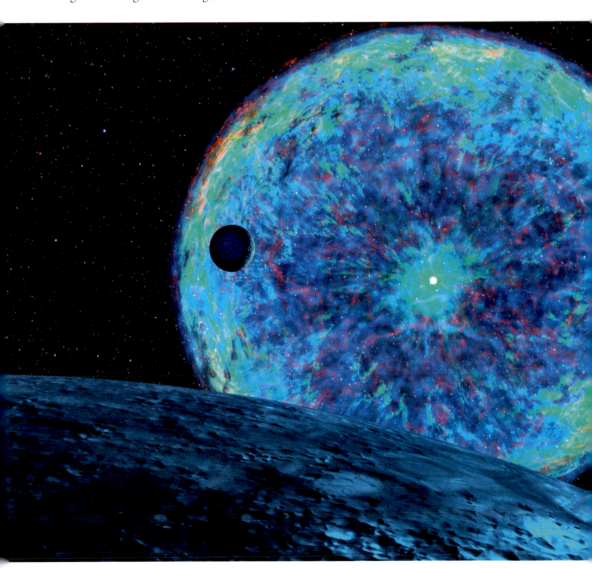

Um mau dia no futuro: representação artística do Sol moribundo, visto da superfície da Terra, olhando para além da Lua.

ONDE ISSO VAI ACABAR?

Representação artística da sonda Galaxy Evolution Explorer, lançada em 2003 para estudar os estágios da construção das galáxias que evoluíram nos últimos dez bilhões de anos.

O FIM PARA NÓS

Não há necessidade de se preocupar com o destino final do universo, pois o nosso sistema solar irá embora muito antes. O Sol, como estrela da sequência principal mais ou menos no meio da vida, continuará mais ou menos do mesmo jeito por mais 5 a 6 bilhões de anos. Então, quando fundir seu último hidrogênio em hélio, inchará até cerca de 250 vezes o tamanho atual. Perderá massa, e a sua atração gravitacional se reduzirá, permitindo que a Terra se afaste mais do inchaço da gigante vermelha. Infelizmente, a própria gravidade da Terra criará um tsunami no Sol que seguirá a Terra na sua órbita e acabará por arrastá-la para um fim ardente.

Foi sugerida uma ideia maluca para salvar a Terra e os seus habitantes: poderíamos forçar objetos do Cinturão de Kuiper a se tornarem cometas, passando perto o suficiente da Terra para alterar a sua órbita. Seriam necessários cerca de um milhão de encontros com objetos de 100 km de largura (talvez um a cada seis mil anos) para deslocar a terra para uma zona mais segura. Seria mais fácil nos mudarmos para um planeta de outro sistema solar. Afinal de contas, se ainda existirmos daqui a cinco bilhões de anos, teremos quinhentas mil vezes mais tempo desde o início da civilização para criar uma forma sofisticada de viagem espacial.

RUMO AO MULTIVERSO

A teoria do multiverso postula um número potencialmente infinito de universos-bolhas separados.

Neste livro, nos concentramos na história mais geralmente aceita do universo, mas há outras versões. O modelo inflacionário baseado na teoria das supercordas e na cosmologia brana, desenvolvido por Paul Steinhardt e Neil Turok em 2002, supõe um universo que se expande e se contrai em ciclos. A teoria das cordas tenta unir as quatro forças fundamentais vislumbrando as partículas como cordas vibratórias num universo de onze dimensões.

Outro modelo é o multiverso — uma coletânea de muitos universos, talvez em número infinito, dos quais o nosso é apenas um. A primeira formulação de "muitos mundos" foi concebida pelo físico americano Hugh Everett em 1957; foi ampliada e popularizada por Bryce Dewitt na década de 1960. É um desenvolvimento da teoria quântica e uma área mais da física do que da cosmologia. Propõe que todos os eventos possíveis aconteceram e acontecerão em universos diferentes. É óbvio que isso faz os universos proliferarem com extrema rapidez. Surge um universo diferente toda vez que você faz uma escolha, toda vez que uma formiga sobe ou não numa planta, ou um asteroide atinge ou não um planeta, ou um átomo radioativo decai ou não, etc.

Uma teoria cosmológica influente do multiverso foi proposta em 1983 pelo físico russo-americano Andrei Linde e se baseia na ideia de que a inflação cósmica no universo jovem não terminou em uma fração de segundo, mas continuou e continuará por toda a eternidade. Embora não façamos a mínima ideia de por que a inflação terminou (portanto, talvez não tenha terminado), essa teoria exige uma reformulação total do universo que se seguiu ao não-fim da inflação.

Na teoria de Linde, o nosso universo é uma das muitas bolhas em que a inflação parou ou se desacelerou devido a condições no vácuo. Fora do nosso universo, há áreas que ainda estão se expandindo exponencialmente, além de muitos outros "universos-bolhas" com expansão mais lenta e, talvez, leis físicas diferentes e condições locais dessemelhantes. Mais universos-bolas se soltam o tempo todo quando a expansão para em lugares específicos.

Com o colega Thomas Hertog, Stephen Hawking produziu um contra-argumento publicado postumamente em 2018. Baseava-se na nova abordagem de abrir mão do tempo e, portanto, do "momento" do Big Bang. (Abandonar uma dimensão ao manipular teorias é uma técnica aceitável na física, mas em geral é uma dimensão espacial.) Como a relatividade geral não pode se conciliar com o primeiro nanomomento do universo, abandonamos o momento em vez da teoria. Quando se olha novamente a inflação nesse novo modelo, tudo funciona direitinho e produz um único universo bem-comportado. Mas podemos nos perguntar de onde veio o tempo, se não começou com as outras dimensões no Big Bang, ou quando ele entrou na equação. Mas é claro que "quando" é uma palavra sem sentido num universo sem tempo.

Não saber nada sobre nada

Começamos com um universo gerado do nada. Isso foi sugerido numa época em que as pessoas achavam que sabiam, mais ou menos, o que o universo contém. Terminamos com uma explicação do "nada", mas uma compreensão muito menos segura do "algo" que ele criou. Pelas medidas atuais, apenas 4% do universo é matéria e energia normais que conhecemos; isso nos deixa 96% como as inexplicáveis matéria escura e energia escura.

Resta bastante trabalho para os cosmólogos. Ainda estamos muito longe de entender como o universo funciona.

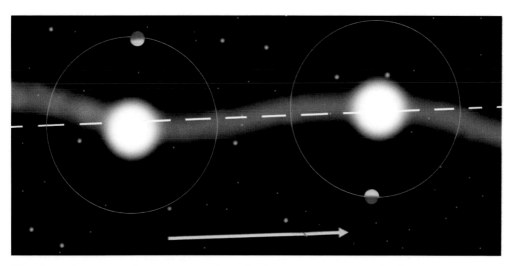

Uma forma de encontrar planetas em torno de estrelas distantes é procurar uma "oscilação" na trajetória da estrela, causada porque ela é atraída pelo seu planeta.

ÍNDICE REMISSIVO

Adams, John Couch 68
Almagesto (Ptolomeu) 105
Alpher, Ralph 23, 24, 59
anã amarela, estrela 117
anã branca, estrela 121
anã marrom, estrela 102-3
anã vermelha, estrela 116
Anaxágoras 78
antiléptons 48
antimatéria 48
antiprótons 48
antiquarks 48
Aristarco 160
Aristóteles 13, 67, 79, 127, 160, 173
asteroides 185, 186
Astronomia nova (Kepler) 164
Atacama Large Millimeter/submillimeter Array (ALMA) 172
átomo primordial 14, 15

Baade, Walter 77, 134, 136
Bailly, Jean Sylvain 198
bárions 47, 54
Becquerel, Henri 82
Bethe, Hans 23, 89, 119
Big Bang, teoria
 como modelo cosmológico 24
 primeiro uso do nome 25
 proposta por Georges Lemaître 14-16
 taxa de expansão 196-7
Big Chill, teoria 197, 200
Big Crunch, teoria 197, 199-200
Big Rip, teoria 199
Birmingham, John 134
Bohr, Niels 57, 109
Bondi, Hermann 22
bósons 38
Bowen, Ira Sprague 104
Bradley, James 144-5
Brahe, Tycho 127, 128, 129, 162, 163
Brahmagupta 67
Bromm, Volker 94
Bruno, Giordano 154, 173, 179
Bunsen, Robert 83
buracos negros 29, 74, 123, 142-3, 145-51

Calcium Aluminum Inclusions (CAIs) 184
Campbell, William 70
campos quânticos 41
Cannon, Annie Jump 85, 86, 87, 110-11
Caranguejo, nebulosa 18, 127, 136
Carta a Heródoto (Epícuro) 173
catálogo de Draper 108, 110
catálogo de Messier 18, 20, 21
cefeidas, estrelas variáveis 16, 17, 18, 136
Chadwick, James 58
Chandrasekhar, Subrahmanyan 148
Clayton, Donald 183-4
CNO (carbono-nitrogênio-oxigênio), nucleossíntese 118-19
Coma, aglomerado 73
cometas 127, 184
comprimento de Jeans 77
constante cosmológica 10
constante de Hubble 15, 22, 194-5
constantes 36
Conversas sobre a pluralidade dos mundos (Fontenelle) 173
Copérnico, Nicolau 154, 160
cor do espaço 61
Cosmoteoro (Huygens) 173
Cosmic Background Explorer (COBE), satélite 62, 72
Cowan, Clyde 74
cristianismo 10, 11, 79, 160, 165, 166-7
Crookes, Sir William 45
Curie, Marie 82-3
Curie, Pierre 82
Curtis, Heber 18

Daly, Reginald 188
Darwin, George 187
Davis, Donald 188
decaimento radiativo 139-41
Demócrito 173
Descartes, René 165-8
desvio para o azul 20, 21
desvio para o vermelho 20, 21, 22, 23, 28
deutério 49, 50, 51, 89
DeWitt, Bryce 202
diagrama de Hertzsprung-Russell 114, 115, 116
Diálogo sobre os dois principais sistemas do mundo, ptolomaico e copérniciano (Galileu) 165
Dicke, Robert 60, 149
diprótons 89
disco protoplanetário 101, 156-7, 158, 159, 160, 176, 182
Doppler, Christian 21
Draper, Henry 108, 131

eclipses 70
Eddington, Arthur 15, 17, 20, 70, 76, 86, 87
efeito Doppler 21
Einstein, Albert
 e os buracos negros 149
 e a constante cosmológica 10
 e Georges Lemaître 15
 e a gravidade 69-70

ÍNDICE REMISSIVO

intercambialidade de matéria e energia 54
e a Teoria Geral da Relatividade 14, 15, 69-70
elétrons 24, 37, 42, 43, 44-5, 48, 49, 55, 56-7
energia escura 55, 72-3, 196-7
Epícuro 173
era Fóton 54-6
era da Grande Unificação 36, 38
era Hádron 46-8
era Inflacionária 38-41
era Lépton 48-9
era da Nucleossíntese 49-51
era Planck 32-6
era Quark 41-6
espaço-tempo 32, 33, 34-5, 69-70
espaguetificação 150
espectro de absorção 109
espectro de emissão 28
espectroscopia 82-4, 109, 112
estrelas
  anã amarela 117
  anã branca 121
  anã marrom 102-3
  anã vermelha 116
  catálogo Draper 108, 110
  classificação de 86-7, 105-18
  composição de 86, 87
  espectroscopia 84-5
  formação de 76-8, 98-104
  e a formação de galáxias 105

funcionamento das 78-9
fusão nuclear nas 88-90, 118-19, 123
gigante azul 117
luminosidade das 105-7
magnitude das 105-7
mais antigas 94-6
morte de 121-3, 151
pressão nas 90
radiação das 115
tamanho das 98
vida das 123
éter 198
Everett, Hugh 202
Evolution and Assembly of GaLaxies and their Environments (EAGLE), simulação 75
exoplanetas 173-5, 189-90

Fan Yeh 127, 130
fator de Gamow 88-9
Fermi, Enrico 37
Finlay-Freundlich, Erwin 70
Finnegans Wake (Joyce) 44
Fleming, Williamina 108, 110
Fontenelle, Bernard le Bovier de 173
força eletromagnética 37
força nuclear forte 37
força nuclear fraca 37
forças naturais 37
formação da Lua 186-8
formatos do universo 199

fótons 49, 54, 55, 56, 61, 119
Fowler, Ralph 86-7
Fowler, William 183
Francis, Pope 14
Fraunhofer, Joseph von 83, 108
Frederico II da Dinamarca 129
fusão nuclear 88-90, 118-19

galáxias
  aglomerados 63, 75
  descoberta de 18-19
  e a formação de estrelas 105
Galileu Galilei 67, 127, 164-5
Gamow, George 23, 24, 25, 36, 88
Gaposchkin, Serguei 86
Gell-Mann, Murray 43, 44
gigantes azuis, estrelas 117
girinos 159
Glashow, Sheldon 38
glúons 37, 43
Gold, Thomas 22
Goodricke, John 17
Grandes Aglomerados de Quasares (LQG) 151
grãos pré-solares 182-3, 184
gravidade 37, 66-71
Grécia Antiga 10, 13, 78, 79, 105, 154, 160, 173
Guericke, Otto von 12
Guth, Alan 9, 39, 40

Hanson, Norwood Russell 25
Hartmann, William 188
Hawking, Stephen 25, 32, 149, 150, 193, 203
Hayashi, Chushiro 171
hélio 17, 23, 47, 50, 51, 77, 78, 83-4, 86, 87, 89, 95, 96, 107, 116, 118, 121, 177, 182
Helmholtz, Hermann von 80
hemisférios de Magdeburgo 12, 13
Herman, Robert 59
Herschel, John 83, 132-3
Hertog, Thomas 203
Hertzsprung, Ejnar 114
hidrogênio 47, 49, 50, 51, 75, 76, 77, 78, 83-4, 86, 87, 89, 91, 95, 96, 107, 109, 118, 121, 122, 134, 151, 177, 182, 201
hidrogênio pesado 49, 50, 51
Hind, John 101, 132
Hiparco de Niceia 105
hipernovas 94
hipótese do grande impacto 188
hipótese das nebulosas de Laplace 135, 170
História geral da natureza e teoria do céu (Kant) 168-9
Hittorf, Johann 45
horizonte de eventos 147, 148
Hoyle, Fred 22, 25

205

ÍNDICE REMISSIVO

Hubble, Edwin 16, 18, 22, 26, 174, 194, 195
Huggins, Margaret 104
Huggins, William 84, 104, 133-4
Humason, Milton 22
Huygens, Christiaan 144, 153, 173, 174-5

Idade das Trevas 66-91
inflação 40-1
inflação cósmica, teoria da 39-40, 40-1
instabilidade de Jeans 77

Jansky, Karl 24, 25
Jansky, Pierre-Jules--César 84
Jeans, James 22, 76, 135
João Paulo II, papa 165
Joyce, James 44
Júpiter 182

Kamp, Peter van de 174, 175
Kant, Immanuel 18, 125, 168-9
Kapteyn, Jacobus 73, 155
Keenan, Philip C. 112
Kelvin, Lord 73, 80-1, 82, 84, 198
Kepler, Johann 80, 93, 127, 129, 130, 154, 162, 163, 164
Kirchhoff, Gustav 83

Laplace, Pierre-Simon 145, 146, 170, 185
Le Verrier, Urbain 68
Leavitt, Henrietta 13, 16, 17, 18, 86, 136

Leclerc, Georges 170
lei de Hubble-Lemaître 15, 22
lei de Stefan-Boltzmann 115
Lemaître, Georges 14-16, 20, 22
léptons 42, 43, 48-9, 54, 74
limite de Chandrasekhar 148
limite TOV (Tolman Oppenheimer Volkoff) 148
Linde, Andrei 202-3
Lippershey, Hans 164
Livro de Han (Fan Yeh) 127
Lockyer, Norman 84, 102, 104, 132
Loeb, Avi 94
Lucrécio 79
luz
  e espectroscopia 82-3
  e gravidade 69
  velocidade da 143-5
"luz cansada", hipótese 23

Marte 181
Mästlin, Michael 163
matéria escura 71-4, 75
matéria escura fria (CDM), modelo da 72, 75
Mather, John 62
Matusalém 154
Maury, Antonia 110, 114
Maxwell, James Clerk 37, 146
Mayer, Julius von 80
meio interestelar 101, 141, 181

Mercúrio 180-1
mésons 48
Messier, Charles 18, 98, 130-1
método da paralaxe 16, 127
Michell, John 142-3, 146, 149
Michelson, Albert 198
Milne, Edward 86
Milton, John 53
Minkowsky, Rudolph 136
mitos da criação 6-7
modelo do disco nebular solar 171
modelo geocêntrico 160-1, 164-5
modelo Lambda de Matéria Escura Fria (ΛCDM) 7, 72
modelo de Quioto 171
Morgan, William Wilson 112
Morgan-Keenan system 112-13
Morley, Edward 198
morte do calor 198
Mount Wilson Observatory 127
multiversos 202-3

nebulosa solar 97
nebulosas 18, 20, 21, 98, 130-4, 170-2
Netuno 182
neutrinos 24, 49, 74-5
nêutrons 24, 43, 47, 51, 58
Newton, Isaac 10, 13, 37, 68, 80, 83, 143
novas 132, 133, 134, 135

núcleons 55
nuvens de gás 96-7
Nuvens de Magalhães 18, 123
Nuvens Moleculares Gigantes (NMG) 98

Observatório de Neutrinos de Sudbury 74
Oort, Jan 73
Oppenheimer, Robert 148

Padrão Harvard 17
Parmênides 10, 13
partículas 24, 37, 42-3, 46, 139
Pauli, Wolfgang 74
Payne, Cecilia 86, 87
Penrose, Roger 149
Penzias, Arno 29, 59, 60, 61, 62
Pickering, Charles 17
Pickering, Edward 108, 110
Pigott, Edward 17
Pilares da Criação 97, 98
Pio XII, papa 12
Planck, Max 34, 35
planetas
  colisões com 186
  composição dos 181-3, 186-8
  criação dos 101, 154-9, 170, 176, 177
  desenvolvimento dos 180-2
  exoplanetas 173-5, 189-90
  formação da Lua 186-8

ÍNDICE REMISSIVO

modelo geocêntrico 160-1
órbita dos 162-4
vida nos 190-1
Pogson, Norman
Pope, Alexander
Populações de estrelas 77, 89, 90, 94, 95-6, 105, 119, 140, 141
pósitrons 49
Principia mathematica (Newton) 10, 37, 68
prótons 24, 43, 46, 47, 48, 49, 51, 56, 57, 89
Ptolomeu 105, 160

quarks 37, 38, 42, 43, 44, 46, 48
quasares 26-9

radiação cósmica de fundo em micro-ondas (RCF) 29, 40, 58-63, 66, 72, 75
radiatividade 82-3, 139-41
radioastronomia 24-5, 26, 29
raio de Schwarzschild 147
rajada de raios gama 94
Rebolo, Rafael 103
Reber, Grote 26, 27
Reines, Frederick 74
reionização 90-1

Relativistic Heavy Ion Collider (RHIC) 46
Rømer, Ole 144
Rowan-Robinson, Michael 154-5
Rubin, Vera 73
Rodolfo II 129
Russell, Henry Norris 84, 86, 87, 114
Rutherford, Ernest 56-7, 139

Safronov, Victor 156, 170-1
Sagan, Carl 155
Saha, Meghnad 86-7
Salam, Abdus 38
Sandage, Allan 194-5
Saturno 182
Schmidt, Maarten 27
Schwarzschild, Karl 147
Secchi, Angelo 107, 108
Shapley, Harlow 18, 87, 155
singularidades 13, 147
sistema de Harvard 111-12
Slipher, Vesto 20, 22
Smoot, George 62
sistema solar 160-6, 168-72, 173, 176, 180-1, 191
Sol
composição 84, 87
energia 80-4

funcionamento 78, 79
Spitzer, Lyman 98
Stanford Linear Accelerator Center 43
Stefan, Josef 115
Steinhardt, Paul 202
Stromberg, Gustaf 20
Stoney, George Johnstone 35, 44-5
superfície da última dispersão 63
supernovas 94, 126-7, 130, 134-41, 181
Swedenborg, Emanuel 168

Tabelas Rudolfinas 163
Talbot, William 83
Tayler, Roger 25
Telescópio Espacial Hubble 98, 99, 156, 157
Teoria Geral da Relatividade 14, 15, 69-70
teoria do universo estático 10, 22, 25
Terra 79-80, 81, 84, 154-5, 160, 181, 186-7, 190, 198
Tevatron, acelerador de partículas 48
Thomson, J. J. 45, 56
Thorne, Kip 149

T-Tauri, estrela 101, 132
Turok, Neil 202
Twain, Mark 6

unidades naturais 34-6
unidades de Planck 35-6
universo observável 39
Urano 182
Urey, Harold 50
Ussher, James 79

Varahamihira 67
Vênus 181
velas-padrão 136
Via Láctea 155

Webb, Thomas 131
Weinberg, Steven 38
Weizsäcker, Carl von 118-19
Wilkinson, David 60
Wilkinson Microwave Anisotropy Probe (WMAP) 62
Wilson, Robert 29, 19, 60, 61, 62
Wollaston, William 83

Zhevakin, Serguei 17
Zweig, George 43
Zwicky, Fritz 23, 73, 134

CRÉDITO DAS ILUSTRAÇÕES

Alamy Stock Photo: 34 à *esq.* (Science History Images), 34 à *dir.* (Lebrecht Music & Arts), 52-3, 110 (Science History Images), 132 (FLHC 50), 146 (The Picture Art Collection)
AU Campus Emdrup, Copenhagen: 144
Bridgeman Images: 6 (Werner Forman Archive)
Brookhaven National Laboratory: 46, 47 *embaixo*
CSIRO Australia: 66
Diomedia: 7 (Universal Images Group), 164, 169, 173
European Southern Observatory: *página de abertura* e 19 *alto*, 20 (PESSTO/S. Smartt), 23, 33, 95 *alto* (Beletsky/DSSl + DSS2 + 2MASS), 96 (M. Kornmesser), 115 *embaixo*, 117, 120 (G. Beccari), 121, 123 *alto* (NASA, ESA e Hubble Heritage Team/STScl/AURA/F.Vogt et al.), 137 (ALMA/Hubble/NASA/ESA/CXC), 139, 143 (M. Kornmesser), 145 (Gravity Consortium/L. Calçada), 151 (M. Kornmesser), 154 (M. Kornmesser/Nick Risinger/skysurvey.org), 156 (H. Avenhaus et al./E. Sissa et al./colaboração DARTT-S e SHINE), 172 (A. Angelich), 175 (IEEC/Science-Wave/Guillem Ramisa), 176 (S. Andrews/ALMA), 177, 178-9 (NASA/JPL/University of Arizona), 190-191 (L. Calçada/Nick Risinger/skysurvey.org), 192-3, 194-5 (G. Hüdephol/atacamaphoto.com)
Agência Espacial Europeia: 74 (ATG medialab), 77 (Hubble/NASA), 97 *alto* (NASA/Hubble Heritage Team), 99 *alto* (Hubble/NASA), 100 (NASA/A. Nota (STScl/ESA), 122, 149 (Hubble)
flickr.com/photos/torbenh/6105409913: 22
Getty Images: 10 (Corbis), 11 (De Agostini), 15 (Bettmann), 25 (The LIFE Images Collection), 35 (Science & Society Picture Library/Science Museum), 38 (Bettmann Archive), 40-41 (Dorling Kindersley RF), 58 (Science & Society Picture Library/Science Museum), 67 (The Print Collector), 70 (Science & Society Picture Library/ Science Museum), 78, 82 (Archiv Gerstenberg/ ullstein bild), 85 (Hulton Archive), 104 (Hulton Archive), 166 (Universal Images Group)
Harvard College Observatory: 111 *embaixo*
Hubblesite: 8-9 (NASA, ESA e M. Montes/University of New South Wales)
NASA: 61 (WMAP Science Team), 62 (Goddard Space Flight Center/COBE Science Working Group), 63 (WMAP Science Team), 71 (JAXA), 72 (ESA/JPL-Caltech/Yale/CNRS), 76 (Desiree Stover), 88 (SDO/AIA), 92-3 (ESA/Hubble Heritage Team), 94 (GSFC/Dana Berry), 97 *embaixo* (JPL-Caltech), 99 *embaixo* (ESA/Hubble Heritage Team), 103 (NASA/CXC/M. Weiss), 116 (ESA/G. Bacon/STScl), 129 (CXC/NCSU/M. Burkey et al.), 130 (Tod Strohmayer/GSFC/ CXC), 133 à esq. (ESA/Hubble Heritage Team), 141 (NOAA/GOES Project), 152-3 (JPL), 157 (JHU's APL/SwRI), 158 (ESA/STScl), 165 *embaixo*, 167 (SDO), 171, 180 (JPL), 181, 184 *alto* (JPL-Caltech), 184-5, 189 (Kepler Mission/Dana Berry), 201 (JPL-Caltech)
Science Photo Library: 16 (Mark Garlick), 19 *embaixo*, 27 (Emilio Segre Visual Archives/ American Institute of Physics), 28 *alto* (Mark Garlick), 39 (David Parker), 44 (Nicolle Rager Fuller/National Science Foundation), 45 (Andrew Lambert Photography), 50 (Emilio Segre Visual Archives/American Institute of Physics), 56 (Oxford Science Archive/Heritage Images), 57 (AIP/Emilio Segre Visual Archives), 73 (Los Alamos National Laboratory), 83 (N. A. Sharp, NOAO/NSO/Kitt Peak FTS/Aura/NSF), 108-9 (Emilio Segre Visual Archives/American Institute of Physics), 124-5 (NASA/Skyworks Digital), 126 (Frank Zullo), 128 (Historica Graphica Collection/Heritage Images), 135 *embaixo* (Hencoup Enterprises), 155 (Royal Astronomical Society), 168 (Science Source), 170 (Chris Butler), 183 (Emilio Segre Visual Archives/ American Institute of Physics), 186 (NASA), 196 (Mikkel Juul Jensen), 198 (Emilio Segre Visual Archives/American Institute of Physics), 200 (Chris Butler), 203 (Jon Lomberg)
Shutterstock: 12, 24, 28 *embaixo*, 42, 47 *alto*, 49, 59, 60, 80, 101, 105, 111 *alto*, 182, 188
Spacetelescope.org: 17 *embaixo*
SuperStock: 54, 68, 113 (Joseph Giacomin/ Image Source), 148 (Classic Vision/age fotostock), 150 (mrk movie/Marka), 195 (Huntington Library), 202
Wellcome Collection: 133 à dir., 134, 135 *alto*, 160, 163
Diagramas de David Woodroffe: 14, 21, 37, 43, 51, 55, 84, 89, 90, 91, 95 *embaixo*, 102, 112, 114, 123 *embaixo*, 136, 138, 140, 147, 159 *embaixo*, 161, 165 *alto*, 187, 197, 199